말씀이 길이 되려면

진짜 그리스도인에게 열리는 역전의 길

말씀이
길이 되려면

강산 지음

헤르몬

알립니다

1. 본문에 사용된 야고보서 본문은 특별한 언급이 없는 한, 헬라어와 여러 권위 있는 역본을 참고해 저자가 직접 번역한 MPT(Mountain's Personal Translation) 역본을 인용했다. 야고보서 MPT 번역 전체는 부록 1에 실었다.
2. 야고보서 외의 성경 본문은 특별한 언급이 없으면 모두 개역개정역을 따랐다.

지난 15년간 십자가교회의 시작부터 지금까지 다양한 모습으로

함께해주신 십자가 가족들에게 이 작은 책을 헌정합니다.

여러분 덕분에 저는 기도했고 말씀을 연구했으며

눈물을 흘렸고 삶을 다듬었습니다.

그리고 저의 첫 책이 나온 뒤 7년간 기도와 후원,

격려와 위로를 전해준 여러 독자분에게도 이 책을 헌정합니다.

추천의 글

● ● ● 강산 목사의 책이 출간된다는 소식을 듣고 무척 기뻤습니다. 이 귀한 책의 추천사를 쓰게 된 것 역시 기쁘게 생각합니다. 강 목사와는 성결대학교 학부 과정부터 스승과 제자로 친분을 맺었고, 신대원 M. Div 과정에서 학문적으로 관계가 더 돈독해졌습니다.

제가 지켜본 강산 목사는 신학생 시절부터 사역자가 마땅히 가져야 할 순수성과 비전을 동시에 갖추고, 더 나아가 행동하는 사역자였습니다. 제가 가르치는 신대원 학생들이 존경하는 선배를 언급하면서 늘 강산 목사의 이름을 거론하는 것이 그 증거입니다. 저 역시 훌륭한 제자를 두었다는 사실에 마음이 뿌듯합니다. 무엇보다 칭찬하고 싶은 점은 그의 수업 태도였습니다. 제 기억에 강산 목사는 언제나 철저하게 준비하여 성실하게 수업에 임했던 학생이었습니다. 신대원 과정에서는 원어로 된 본문을 직접 해석하고 강해하는 수준에 이르렀으며, 전 과목에서 좋은 성적을 받아 수석 졸업의 영광도 얻었습니다. 이와 같은 학문적 열정 때문에 저는 그가 계속해서 학문의 길로 나아갈 것이라 여겼습니다. 하지만 강 목사는 다른 길을 택했습니다. 그리고 세월이 지나 이 책을 읽어 보니 강 목사를 향한 하나님의 특별한 부르심이 있다는 확신이 듭니다. 그 길이 바로 이 책에서 말하듯 믿는 자를 '진짜 그리스도인'으로 세우는 목회 사역입니다. 야고보서는 한때 은혜보다 행위를 강조한다고 하여, 신약 성서 중에 유일하게 '지푸라기 복음'으로 취급받았던 책입니다. 그러나 이는 야고보서의 깊이와 길이와 높이를 진정 깨닫지 못한 자들이 피상적으로 성경을 읽으면서 나온 오해입니다. 야고보서만큼 진정한 그리스도인의 모습을 보여주는 책은 많지 않습니다.

강 목사는 헬라어 원문을 철저하게 이해하고, 그 바탕 위에서 강해 설교 스타일로 본문을 해설했으며, 거기에 현대인의 눈높이에 맞추어 체험적인 내용을 더했습니다. 이를 통해 원 저자인 야고보가 말하려고 했던 본래 의미를 거침없이, 생생하게 그리고 탁월하게 살려냈습니다. 참신함과 정확성을 고루 갖춘 이런 시도를 통해 한국 교회가 더욱 풍성해질 것이라고 확신합니다.

이 책이 한국 교회 성도들과 신학생, 목회자들에게 널리 읽히길 바랍니다. 그래서 오늘날 우리가 어디에 서 있는지를 알고, 야고보서에 나타난 진짜 그리스도인의 모습으로 회복될 뿐만 아니라 21세기 포스트모더니즘과 종교다원주의에서 비롯된 무제한 물질주의, 항거 불능한 쾌락주의, 무늬만 그리스도인인 형식주의로 물들어가는 한국 교회가 하나님이 진정 원하시는 교회와 성도로 거듭날 수 있기를 바랍니다. 이 책이 그 일에 교과서 역할을 하게 되길 기대합니다.

박창영 성결대학교 신학대학장, 성결대 신약학 교수

●●● 한국구세군 사령관으로 일하다가 이제 사역의 자리에서 물러나 한국 교회를 보니, 참으로 세상과 구별되지 않을 정도로 타락하고 썩어가는 현실에 마음 아프고 한편으로는 송구스럽습니다. 한국 교회는 이미 오래전에 세상의 신뢰와 선한 이미지를 상당히 잃어버렸습니다.

하지만 낙망하기에는 아직 이릅니다. 한국 교회에는 여전히 복음이 있고, 그 복음에 합당하게 살아가는 소금과 빛 같은 예수 그리스도의 제자들(성도들, 선교사들, 목회자들)이 있기 때문입니다. 잘못한 목사와 교회 이야기는 인터넷에 도배가 되지만, 진짜 그리스도인으로 살아가는 이들의 메시지와 이야기가 세상에 알려지지 않는 현실이 늘 안타까울 뿐입니다. 그 이유를 생각해보니 세상이 주목하지 않는 곳에서 살아가며 말씀이 삶 속에 녹아 있는 진짜 그리스도인이 있기는 하지만 그들은 대부분 겸손하여 한사코 자신을 드러내지 않았던 것 같습니다.

그 어느 때보다 바로 지금, 야고보서의 메시지와 그 메시지를 살아낸 이야기가 필요한 시점에 책이 출간되었음을 기쁘게 생각합니다. 지난 40년간 저는 강산 목사를 가까이에서 또한 멀리에서 지켜보았습니다. 그는 모진 고난과 시련 속에서도 철저하게 복음과 사명을 따라 살아가면서 정금 같은 삶으로 글을 써왔습니다. 이것은 오직 하나님의 은혜이고 역사입니다.

강산 목사는 제가 아는 '진짜 그리스도인' 중의 한 명입니다. 그는 개척교회 목회라는 어려운 길을 가면서도 도광양회韜光養晦의 정신으로 끊임없이 성경을 연구하고 독서하고 글을 써 왔습니다. 이제 강산 목사의 주옥같은 성경 강해와 그 말씀에 기초하여 살아낸 감동적이고 실천적인 삶이 해산의 수고를 통해 이 책에 다 담겼습니다. 이런 귀한 글을 읽을 수 있다는 것은 참으로 축복이 아닐 수 없습니다.

야고보서를 제대로 알기 원하는 목회자나 신학생은 물론, 말씀이 삶이 되지 못하여 갈등하고 있는 성도에 이르기까지 모든 분이 이 책에서 세상을 변화시키는 놀라운 역전 이야기를 하나님 음성으로 듣게 되길 기대합니다. 모든 분이 진짜 그리스도인으로 살게 되길 기대하며 마음 다해 추천합니다.

강성한 前 한국구세군 사령관, 기독교방송 이사, 대한성서공회 이사

●●● 강산 목사가 쓴 이 책은 현대인들이 평소에 고민하는 고난과 시련이라는 어려운 주제에 대해 신학적 통찰을 제공하여, 믿음이 적은 자들이라도 말씀대로 살아갈 수 있는 길로 안내합니다. 뿐만 아니라 예언자의 소리가 되어, 진실에 직면하여 찔림받기를 포기한 듯한 우리를 질타하면서도 새로운 소망이 있음을 알려줍니다. 무엇보다 기독교 신앙의 핵심을 전해줌으

로써 하나님을 높고, 깊고 그리고 넓게 만날 수 있도록 도와줍니다.

사실 옳은 말은 누구나 할 수 있습니다. 중요한 것은 "그에 합당한 행동이 뒷받침되었는가?"입니다. 이 책이 단순히 공허한 외침으로 그치지 않는 이유는 강산 목사가 직접 삶으로 살아낸 이야기가 담겨 있기 때문입니다. 신선하고 강력한 영향력을 지닌 이 책은 오랫동안 신앙생활을 했지만, 타성에 젖어버린 성도들에게 마른 땅에 내리는 단비와 같은 생명력을 줄 것입니다.

강대일 안양성결교회 담임 목사

●●● 이 책은 야고보서 강해서라기보다 '적용서'라고 불러야 할 것 같습니다. 저자의 말대로 야고보서를 자세히 풀어 설명한 책은 많으나, 이 말씀을 자신의 삶에 적용해보려고 어떻게 몸부림쳤는지 고백한 책은 그리 많지 않기 때문입니다. 아마도 야고보서 말씀이 그리스도인에게 주는 메시지가 매섭고 때로는 무겁다 보니, 거기 비추어 자신의 삶을 드러내기가 쉽지 않았을 것입니다.

저 자신도 야고보서 앞에 서면 참으로 한심하고 부끄러움을 많이 느낍니다. 이전에 저도 교회를 섬길 때 지체들과 함께 야고보서를 공부했습니다. 그런데 이 책을 읽다 보니 그때의 야고보서 공부가 삶으로 이어지지 못하고 단지 공부로만 끝난 것은 아닌지 두려운 생각이 듭니다. 살아오는 동안 온갖 역경을 겪으면서도 주님 앞에서 그리스도인답게, 또 말씀 전하는 자로 부르심 받은 사람답게 행하고자 몸부림치는 저자의 삶이 참 존경스럽습니다. 야고보서를 삶으로 살아낸 이 책이 독자들에게 많은 사랑을 받았으면 좋겠습니다.

저자인 강산 목사는 심히 어려운 처지에서도 성경 연구와 번역, 신학 연구에 열심을 다하는 목회자입니다. 지금껏 닦아온 신학 지식으로도 얼마든지 강해서 한 권쯤은 쓸 수 있었겠지만 오히려 자기 삶으로 풀어쓴 야고보서 이야기를 전하는 이유는 "말씀이 삶이 되고 삶이 말씀이 되기를" 바랐기 때문이 아닐까요? 저자의 바람대로 이 책을 읽는 분들의 삶 속에서 그리고 제 삶에도 야고보서가 살아 움직이는 말씀으로 나타나길 간절히 바랍니다.

박규태 목사, 번역가

추천의 글	6
새롭게 책을 열면서	14

1장. 진짜 그리스도인, 나는 누구인가?

1. 현실을 인정하다	22
2. 내가 여기 있는 이유	33

2장. 진짜 그리스도인, 나는 어디에 있는가?

1. 큰 그림을 알면 마음이 평안하다	42
2. 큰 그림 1 의미를 깨달은 고난	52
3. 큰 그림 2 하늘에 속한 지혜	62
4. 큰 그림 3 고난 속에서 드리는 기도	72
5. 큰 그림 4 한 방향의 오랜 순종	84

차 례

3장. 진짜 그리스도인, 나는 어디로 가야 하는가?

1. 역전이라는 새로운 길 … 106
2. 첫 번째 길 감사는 언제나 새 길을 연다 … 110
3. 두 번째 길 참된 경건은 긍휼로 나타난다 … 124
4. 세 번째 길 외모가 아니라 중심으로 사랑하라 … 136
5. 네 번째 길 손과 발로 행하여 믿음을 보이라 … 146
6. 다섯 번째 길 사망의 언어를 버리고
   생명의 언어로 말하라 … 160
7. 여섯 번째 길 땅의 욕망을 하늘의 욕망으로 전환하라 … 180
8. 일곱 번째 길 나를 낮추면 주님이 임하신다 … 196
9. 여덟 번째 길 시대정신을 읽고
   하나님의 기회를 발견하라 … 214
10. 아홉 번째 길 맹세의 삶에서 기도의 삶으로 … 230
11. 열 번째 길 야고보의 마지막 부탁 … 244

나가는 이야기 … 260
부록 1. 야고보서 개인 번역 … 268
부록 2. 코로나 상황에서의 목회 … 286

새롭게 책을 열면서

나의 기타 이야기

초등학교 6학년 무렵, 나는 처음으로 기타를 만났다. 아버지께서 생일선물로 사주신 세고비아 기타였다. 그래서 중학교 시절부터 이 기타로 본격적인 연습을 했는데, 그 길은 정말 멀고도 험했다. 당시 부모님이 신학 공부를 느지막이 다시 하시는 바람에 큰아버지 댁에 있는 작은 방에 동생과 함께 얹혀살았는데, 기타를 치기만 하면 사촌 누나들이 시끄럽다고 했기 때문이었다.

내가 들어도 그때는 끔찍한 소리였다. 다행히 천성적으로 뭘 하나 잡으면 잘 포기하지 않는 성격 덕분에 기타 학원도, 기타 선생님도, 변변한 교재 하나 없이 그야말로 맨땅에 헤딩하는 방식으로 혼자서 기타를 배워 나갔다. 조금씩 느는 기타 실력으로 고등부와 청년부 시절에 반주와 찬양 인도도 하고, 노방전도를 나가서 기타 연주도 하였다.

어느덧 군대를 가서 힘겹게 이등병 생활을 하고 있었는데, 전역을 6개월 정도 앞둔 선임병이 기타를 배우고 싶다고 해서 열심히 가르쳐주었다. 정말 그때 최선을 다했던 모양인지, 선임병은 전역하면서 고마운 마음을 담아 아주 좋은 기타를 하나 선물했다. 나중에 기타를 수리할 일이 있어 낙원상가에 갔다가 장인 한 분을 만났는데, 기타를 유심히 만져보더니 일본에서 나오는 아주 좋은 나무로 만들었고 더욱이 에이징(세월이 흐르면서 연주자의 손을 타서 소리가 더 좋아지는 것)이 무척 잘돼서 아주 훌륭한 기타라고 몇 번을 칭찬했던 기억이 난다.

그렇게 선물 받은 기타로 군 생활 내내 군대 교회에서 예배 인도를 하면서 반주로 사용했고, 세월이 흘러 전역한 다음에는 10여 년간의 신학교 시절과 부교역자 생활 동안 가는 곳마다 찬양의 동역자가 되어 동고동락했다. 사모가 힘들어할 때마다 위로하는 벗이 되었고, 멀리 심방을 가서도 반주는 늘 이 기타가 맡았다. 교회를 개척했을 때도 피아노 반주자도 없던 시절이라 그 기타로 많은 예배 시간에 반주하고 찬양했다. 나는 정말 그 기타를 아꼈고, 기타가 내는 소리를 너무나 사랑했다.

그러다 개척한 교회에 청년들이 한두 명 들어왔다. 그중 한 청년이 기타를 치고 싶다고 했고 갖고 싶어 했다. 청년의 생일 즈음에 나는 그 기타를 선물로 주었다. 선물하면서 그 기타가 겪어온 역사를 세세히 설명했고, 나에게 무척 소중한 기타이기에 잘 관리해달라고 몇 번이나 부탁했다. 특히 기타를 치지 않을 때는 절대로 세워놓지 말고 보관함에 넣어 눕혀 놓으라고 여러 번 당부했다.

하지만 몇 주가 지난 뒤에 내게 선물받은 기타의 목이 부러졌다고 그 청년은 덤덤하게 전했다. 기타를 벽에 세워놓았다가 넘어져서 그렇게 되었다고 했다. 그렇게 애지중지하던 기타가 부서졌는데 전혀 미안해하는 마음이 없어 보여 참 속상했다. 어차피 선물 받은 것이니 이제는 완전히 자기 것이라고 여긴 것이었을까? 내가 기타에 얽힌 특별한 과거와 아름다운 소리 그리고 관리법까지 여러 번 설명했지만, 청년은 귀하게 여기지 않았던 것이다. 그 기타가 내 품에 있었더라면 지금도 아름다운 소리를 냈을 테고 어쩌면 자녀들에게 남길 수도 있었을 텐데, 선물한 지 몇 주 만에 그 기타는 그렇게 허망하게 사라져버렸다. 그 청년이 무덤덤한 표정으로 아무 미안함도 없이 기타 목이 부러졌다고 말하던 그 순간 느꼈던 아픔과 목멤을 아직도 잊을 수 없다.

이 책을 쓰면서 나는 바로 그때의 심정이 되었다. 소중하기 그지없는 복음을 선물로 받았지만 망가지고 변질되어 심지어 그 본질까지 잃을 위기에 처한 사람들, 어쩌면 기타를 너무 오랫동안 방치해 소리도 나지 않고 타법까지 잊은 하나님의 사람들에게 자극과 도전을 주어, 하나님의 마음으로 성령의 능력으로 새롭게 살아가기를 응원하고픈 마음 말이다.

이 책의 모판이 되는 성경은 야고보서이다. 많은 이들이 야고보서를 로마서 및 갈라디아서와 대립하거나, 기껏해야 소수의 열정적인 성도들이나 읽는 책으로 오해해왔다. 하지만 야고보서는 내가 선물한 기타보다 천 배 만 배 귀한 복음과 구원을 받은 하나님의 사람들이 어떻게 살아야 하는지를 명확히 보여주는 복음과 구원의 책이다.

시중에는 야고보서에 관한 학문적이고 신학적인 책들이 많이 나와 있다. 그러므로 이 책에서는 저자에 대한 설명이나 기록 시기, 수신자, 로마서와의 상관관계나 교리적인 주장 등은 다루지 않았다. 그런 내용이 필요 없기 때문이 아니라 그것만큼 중요하지만 많은 이들이 다루지 않은 이야기를 집중적으로 나누려 하기 때문이다.

나는 이 책에서 "살아내다"라는 표현을 많이 썼다. 어떻게 하면 구원을 받는가에 관한 이야기보다 구원받은 하나님의 사람들이 어떻게 살아야 할지를 강조했다. 복음이 무엇인지 구원이 무엇인지 아는 사람, 또한 구원의 확신을 안고 신앙생활 하는 사람들에게 초점을 맞추었다. 하지만 복음을 받아들인 지 얼마 안 된 분이라도 이 책을 통해 복음과 구원이라는 소중한 단어에 담긴 크고 넓은 이야기를 처음부터 제대로 받아들여 복음이 가진 일부가 아니라 전부를 들어보길 바라는 마음도 크다. 아울러 머리로만 이해했을 뿐 삶의 변화는 찾아볼 수 없는 가짜가 아니라 복음을 삶으로 살아내 하나님을 기쁘시게 하는 진짜가 되길 바라는 마음도 담았다.

　　이 책은 2013년 7월에 나의 첫 책으로 세상에 나왔다. 원고를 보낼 때, 출판사 직원이 무뚝뚝한 목소리로 "책을 검토하는 데는 일주일 정도 걸립니다. 연락을 못 드릴 수도 있어요"라고 했는데, 그다음 날 목소리가 바뀌어 "이 책을 꼭 내고 싶다"고 말하던 그날이 잊히지 않는다.

　　또한, 이 책은 저자에게 정말 특별한 의미가 있는 책이다. 이 책으로 참으로 소중한 사람을 많이 만났고, 가난하고 힘들었던 개척교회는 활력을 얻었다. 방송도 출연했고 많은 격려와 응원 편지, 메일 그리고 전화를 받았다. 마치 나의 첫 번째 기타와 같다고나 할까? 하지만 출판사의 사정으로 책은 오래전에 절판

되었고 책이 다시 나왔으면 좋겠다는 연락을 많이 받았지만 길이 없었다. 그러다가 주님의 은혜로 한 출판사가 용기를 냈고, 세 달 동안 내용 전체를 전면 수정하여 빛을 보게 되었다.

마치 목이 부러진 기타를 수리한 것 같은 느낌이다. 마음에 안 드는 내용도 많을 것이다. 첫 책을 내고 욕도 많이 먹었다. 하지만 누구든 마음을 열고 이 책이 말하려는 고갱이를 깊게 살펴본다면 저자의 인생에 함께하신 하나님의 역전 이야기가 당신 삶에도 동일하게, 아니 더 풍성하게 일어날 것이다.

특별히 이 책의 편집을 위해 지구 반대편에서 가장 먼저 글을 읽고 교정해준 정방울 집사님에게 감사드리며, 이 부족한 책을 용기 내어 재출간해준 헤르몬 출판사 최영민 대표님과 편집과 교정 및 디자인으로 애써준 분들에게 진심으로 감사드린다. 무엇보다 부족한 종과 십자가교회를 위해 기도하고 함께 섬기는 사랑하는 십자가 가족들, 어려운 홈스쿨링을 이끌어 가는 사랑하는 사모 그리고 생명처럼 소중한 다소, 건, 다연이에게 아버지의 삶과 인생을 선물한다. 마지막으로 이 책을 손과 눈에 담아준 독자 여러분에게 진심으로 감사드린다. 이 책을 읽고, 선물하고 그리고 살아낼 모든 분을 축복한다. 나에게 생명 주시고 사명 주시며 능력 주시는 삼위일체 하나님께 모든 영광과 찬양을 돌린다.

1장

진짜 그리스도인,
나는 누구인가?

1. 현실을 인정하다

하나님과 주 예수 그리스도의 종이 된 나, 야고보는
흩어져 지내는 이스라엘의 영적인 열두 지파, 곧 이 세상에서
나그네로 지내는 성도 여러분에게 인사드립니다.

야고보서 1:1, MPT

아침 6시가 되면 어김없이 기상을 알리는 음악 소리가 들린다. 평소에 지지직거리며 소음을 내던 내무반의 낡은 스피커도 기상 음악만큼은 아주 또렷하게 들려준다. 눈을 뜨자마자 짧은 묵상 기도를 마치고 나면 전쟁터와 다를 바 없는 하루가 시작된다. 용수철에 튕긴 것처럼 한 번에 몸을 일으켜 세운 뒤에는 세수할 시간도 없이 밖으로 나가 한 시간을 구보한다. 평지를 달리면 좋겠지만, 보통은 산을 탄다.

그래도 이 정도면 양호한 편이다. 특별 훈련이라도 있는 날에는 두 시간 넘게 산길을 달릴 때도 있다. 산에서 내려온 후에는 급하게 아침밥을 먹고 간단히 씻은 후, 혹독한 일과가 시작된다. 사격 훈련이나 레펠(헬기나 절벽에서 줄 하나만 잡고 내려오는 것), PT, 체력 단련, 특공 무술과 주특기 훈련을 하는데, 특히 겨울에는 팬티 한 장 위에 얇은 도복만 입고 하얀 눈밭에서 앞차기를 천 번씩 해야 한다.

끔찍한 것은 이런 일과가 날마다 반복된다는 점이다. 그래도 해 지고 저녁이 오면 훈련이 끝나지 않느냐고 생각한다면 오산이다. 지난번 '천리 행군'에서 낙오한 이등병에게는 또 하나의 특별 훈련이 기다리고 있었다. 저녁 식사를 마치자마자 일명 '검은 그림자'라고 불리는 선임 병사가 연병장으로 우리를 불러낸 것이다.

"이제부터 연병장을 백 바퀴 뛴다. 몇 바퀴라고?"

"백 바퀴입니다!"

우리는 우렁차게, 아니 거의 악쓰며 대답한 뒤 연병장을 돌기 시작한다. 일부러 뛰는 사람도 있는데 오히려 건강 관리에 좋은 것 아니냐고 반문할 수도 있지만, 헬스클럽에서 러닝 머신 위를 달리는 것과는 차원이 다르다. 쉴 새 없이 시키는 군가를 부르며 뛰다가 목소리가 조금이라도 작아지면 바로 쪼그려 뛰기로 고통스럽게 운동장을 돌아야 한다. 선임의 마음에 조금이라도 들지 않으면 별의별 욕설이 걸쭉하게 이어지면서 정신이 몽롱해질 정도로 뺑뺑이와 얼차려를 받는다. 이처럼 훈련을 가장한 얼차려는 결국 저녁 먹은 것을 다 토해낼 정도가 되어야 겨우 마무리가 된다. '이제 끝이려나?' 하는 순간, 태권도 단증이 없는 사람은 거의 고문에 가까운 '다리 찢기'를 당해야 했다. 물론 태권도 학원 근처에도 가본 적 없던 나도 그중 하나였다.

저녁 9시, 급하게 소대 내무반 청소를 하고 점호를 마친 뒤에야 비로소 침낭에 들어갈 수 있었다. 다행히 오늘은 2주 만에 처음으로 밤 경계근무가 없다. 온몸은 마디마디 아프고 쑤시고 결린다고 아우성이다. 육체의 고통보다 더 진하게 밀려오는 억울한 감정에, 어머니 얼굴까지 떠오르면 눈물이 왈칵 쏟아진다. 나를 위해 오늘도 기도하고 계실 어머니를 생각하며 짧은 기도로 하루를 마친다.

이미 눈치챘겠지만, 나의 군 시절 이야기다(군대에서 축구한 이야기는 하지 않을 테니 안심하라). 군 생활 2년 2개월 중 1년 이상을 이런 패턴으로 보내야 했다. 내 인생 20대 초반 '인생의 기울기'가 이랬다. 내가 디디고 서 있는 현실이었다. 당시 나는 2년 2개월만 버티면 제대할 수 있었다. 하지만 이 짧다면 짧은 시간은 쉽게 무시할 만한 것이 아니었다. 당시에는 (탈영 외에) 다른 길을 선택할 자유가 원천 봉쇄되었기에 그 기간에 경험한 모든 것은 내 몸에 상처로, 내 영혼에 강한 흔적으로 남았다.

누군가가 나의 20대를 이해하려고 한다면 군 생활을 바탕색으로 깔아놓지 않고서는 불가능한 것이다.

야고보서라는 큰 화폭에 그려진 바탕색, 즉 야고보서가 기록될 당시에 사람들이 발 디딘 땅의 기울기가 이와 닮았다. 이스라엘은 당시 '디아스포라*Diaspora*' 즉 흩어진 상태였다. 스스로 원해서 나간 것이 아니라 하나님의 강권적인 시간표 안에서 수동적으로 쪼개지고 흩어졌다(1:1). 마치 내가 자원해서 입대한 것이 아니라 국가의 부름에 따라 어쩔 수 없이 끌려간 것처럼 말이다.

야고보의 편지를 받은 사람들은 '내 땅'이라고 할 만한 조국이 없었다. 물론, 영적으로 그들은 하나님 백성이었다. 그러나 현실에서 야고보는 이 땅에 잠시 군 생활을 하러 온 것이나 다름없었다. 그래서 힘들고 고통스럽고 눈물이 났다. 그 흩어진 삶, 디아스포라의 자리를 가장 적실하게 나타내는 한 단어가 있으니 그것이 바로 '여러 시험'(1:2)이다.

야고보서를 읽어보면 그 땅의 기울기를 금방 눈치챌 수 있다. 그들은 그리스도인이라는 이유로 차별과 핍박을 당해야만 했다. 나 역시 안 그래도 힘든 군 생활 중에 '그리스도인'이라는 이유로 남보다 더 호된 시간을 보냈다. 야고보서에 언급된 그리스도인들도 그런 극심한 고통 가운데 있었을 것이다. 그들은 재정적인 차별과 어려움을 당했을 것이며(2장), 사람들이 내뱉는 말로 수치심과 비참한 감정을 견뎌야 했을 것이다(3장). 또 가지고 싶은 물건이 있어도 소유하지 못해 갈등했을 것이며 (4장), 세상 사람 모두가 누리는 것을 포기해야 할 때 크나큰 상실감도 경험했을 것이다(5장). 그중에서도 가장 치명적인 아픔은 성도 중에 일부가 현실이라는 상황의 무게를 견디지 못하여 믿음을 포기하고 결국 신앙 공동체를 떠났을 때일 것이다(5:19-20). 이것은 함께 싸우던 전우가 전사한 것과 다를 바 없는 상실과 고통의 순간으로 다가왔다.

이런 상황은 우리에게도 크게 낯설지는 않다. 오늘날 교회에서 일어나는 현실과 별 차이가 없다는 말이다. 가끔 성도들이 가슴 아픈 말을 할 때가 있다.

> "목사님은 우리 상황을 전혀 이해하지도 않고, 그저 말씀만 전하려고 하시는 것 같아요."

하지만 성도들의 상황을 외면한 채 말씀을 전한 적은 내가 믿기로는 단 한 번도 없다. 오히려 그 상황을 철저히 이해하기에 더욱 분명하게 말씀을 전한 것이다. 말씀 자체가 원래부터 진공 상태에서 외따로 던져진 것이 아니다. 야고보서도 마찬가지다. 비유하자면 몹시도 기울어진 땅에서 집을 지어 올린 건축자의 땀과 어떤 선장이 심하게 뱃멀미를 하면서도 오랜 항해를 견디면서 담은 눈물과 피와 땀이 야고보서 사방에 도배되어 있다.

말씀은 이미 상황 속에서 선포된 것이기에 우리 삶과 동떨어질 수가 없다. 오히려 하나님 말씀이야말로 우리 상태와 처한 환경에 너무나 적실한 해결책을 제시한다. 따라서 나는 모든 성도에게 야고보의 이야기를 들어보라고 권한다. 그러면 건축자들이 쓸모없다고 생각해 버린 돌처럼 보였던 이야기가 내 인생에 가장 필요한 머릿돌이 되는 놀라운 경험을 하게 될 것이다.

현실이라는 기울기를 올바로 인지하지 못하면 누구나 삶을 부정적으로 보게 되고 생각이 어두워진다. 그 만남은 언제나 입에서 나오는 말을 통해 시작된다. 당연히 더 근원적인 장소는 마음이다. 그래서 마음에서 시작된 불평과 원망이 입술의 조급함을 타고 독한 말이 되었다가 결국 독한 삶이 된다.

야고보서에 등장하는 사람들도 고난이라는 시험을 만나자 불평했고(1:13), 저급한 언어들을 입 밖으로 쏟아냈다(3장). 결국, 그 입에서 나온 말은 삶이 되고 말았다. 이것을 해결하려면 '내 입에서 나오는 말'부터 잘못되었음을 알아야 한다. 질문부터 잘못되었다는 뜻이다. 질문은 감정과 감각에서 출발하는 것이 아니라, 분명한 내 정체성과 삶의 자리에서 시작해야 한다. "나에게 왜 이런 일이 일어나는가?"라는 질문에 앞서 "나는 누구이며, 지금 어디에 있는가?"라고 물어야 한다.

이 글을 읽는 당신도 지금 유혹과 역경, 고난과 고통 그리고 압제와 아픔을 겪고 있다면 먼저 제대로 된 질문을 던져야 한다. "나는 누구이기에 지금 여기 있는가?"

상담할 때, 내담자의 마음을 여는 일은 쉽지 않다. 가장 좋은 방법은 상담자가 먼저 자기 이야기를 털어놓는 것이다. '나는 이런 사람이고, 이런 생각을 하고, 이렇게 살아간다'라고 먼저 허심탄회하게 이야기를 시작하면 내담자는 자신과 같은 관심사를 발견하고 그것이 접촉점이 되어 자기 이야기보따리를 풀기 시작하는 경우가 많다. 그래서 야고보는 먼저 자기 이야기를 하고 있다. 그래서 나도 야고보처럼 나의 삶을 먼저 나누는 방식으로 글을 이어갈 것이다.

야고보는 편지의 서두에서 자신을 '하나님과 주 예수 그리스도의 종'이라고 소개한다. 성경을 잘 모르는 사람은 야고보의 이런 자기 소개를 보더라도 별 감흥이 없을 것이다. 크게 신경 쓰지 않고 다음으로 넘어갈 것이다. 하지만 사실 야고보는 특별한 사람이었다. 그는 예수님의 친동생이다. 육신의 옷을 입은 예수님을 어릴 시절부터 가장 가까이에서 본 사람이다. 그런데도 성경을 보면 오히려 예수님을 가장 인정하지 않던 사람 중 하나였다.

우리가 신약성경 사복음서를 대강 훑어보더라도, 예수님의 33년 공생애 동안 동생 야고보는 예수님의 후원자나 지지자가 아니었음을 알 수 있다. 솔직히 말하자면, 그는 형을 정신병자나 이상한 사상에 물든 철학가로 여겼을 것이다. 그래서 때로는 형에게 대놓고 원망과 불평을 쏟아낸 적도 있었다.

그런데 그렇게 멀찍이 형과 거리를 두던 야고보가 이제 자신을 형의 '종'으로 소개한다. 인성을 입은 육신의 동생으로만이 아니라 그 겸손의 인성과 함께 구원의 신성으로 높이 되신 하나님의 아들 예수의 종으로 살아가기 시작한 것이다.

이 외에도 한 가지 더 놀라운 사실이 있다. 야고보는 예수님께서 십자가 사명을 마치시고 부활 승천하신 후 초대 교회의 수장이 되었다. 사도행전 15장을 읽어보면 바울은 야고보를 예루살렘 교회의 기둥처럼 여기며 유명한 사람으로 인정한다 (갈 2:9). 그런데 야고보는 자신을 소개하는 편지 서두에서 그런 이야기를 전혀 내비치지 않는다.

야고보가 살았던 시기는 지금과 상황이 달랐을까? 사람이 살아가는 모든 곳에서 인맥과 명예는 중요하며, 특히 그 시대는 지금보다 더욱 '명예와 수치의 문제'를 중요하게 생각했던 때였다. 그런데 야고보는 자신을 드러내고 생색내는 공치사를 전혀 하지 않는다. 그는 그저 "나는 하나님과 주 예수 그리스도의 종이다"라는 말로 자신을 드러낸다.

야고보에게 하나님과 예수님은 주인이시고 자신은 그저 종일 뿐이다. 일부러 짧게 적은 것이 아니라, 간략하지만 핵심적이고 변화된 자신의 정체성을 고백함으로써 편지를 받는 독자들도 스스로 자신의 정체성과 본질적인 가치를 분명히 드러내도록 도전했다. 주님과의 관계를 확실히 정립하면서도 그 위에 그의 겸손함이 선명하게 드러나는 순간이다. 자신에 대한 이 분명한 정체성에서 자신이 속한 현실이라는 기울기, 즉 '시험'을 극복할 힘이 나온다.

그들이 지금 흩어져 있다고 해서, 시험을 받고 있기에 불행하다고 보면 안 된다. 오히려 그런 흩어짐을 감당할 만한 사람이고 그런 시험을 극복하기에 충분한 사람으로, 그런 정체성을 가진 사람으로 하나님께 인정받았음을 알아야 한다.

이처럼 시험과 시련이라는 기울기는 '나'라는 존재의 정체성을 더욱 분명하게 한다. 요셉도 그랬고, 다니엘도 그랬다. 요셉은 노예로 끌려갔고 교묘한 유혹을 받았기에 그가 정말 거룩한 하나님의 사람임을 드러낼 수 있었고, 다니엘도 포로로 끌려가 기도하기를 금지당해 유대인이라는 정체성에 도전을 받았으나, 바로 그 시련을 통해 진정 기도의 사람임을 드러낼 수 있었다.

자, 이제 야고보서에 담긴 삶의 기울기를 내 것으로 받아들일 순간이 다가왔다.

2. 내가 여기 있는 이유

나의 형제자매들이여!
여러분이 그리스도인으로 살아가면서 여러 시험을 마주하게 된다면
감사하는 마음으로 그 시험들을 철저히 기쁘게 받아들이십시오.

야고보서 1:2, MPT

︙

　나는 야고보서를 읽으면서 군대에서 경험했던 첫 번째 천리 행군이 생각났다. 입대한 지 두 달 만에 나는 그 지독한 훈련에 투입되었다. 무게가 30킬로그램이 넘는 군장을 메고 해발 1천 미터가 훌쩍 넘는 산들을 수없이 오르고 내려야 했다. 발바닥이 까지고, 땀은 또 어찌나 많이 흘렸던지 군복에서는 염전처럼 하얀 소금이 묻어났다. 한 번은 발바닥이 10센티미터나 찢어졌는데, 적당한 치료를 받을 수도 없고 완주하겠다는 오기가 발동해 청테이프로 발을 감싼 다음 핏물이 고인 전투화를 끌며 2시간을 걷기도 했다. 나중에 숙영지에 도착해 그 청테이프를 뜯었을 때의 고통은 상상에 맡기겠다. 군 생활을 오래 한 선임병들도 너무 힘들어 서로 아무 말 없이 걸었던 길도 있었고, 밤에는 심지어 잠을 자면서 걷기도 했다.

하루는 길이 너무 험해서 등산로도 잘 갖추어지지 않은 점봉산을 넘어야 했다. 선임병들은 '꼴딱 고개'라고 했는데 그 산을 넘으려면 숨이 꼴딱꼴딱 넘어간다고 해서 붙은 별명이었다. 이등병들은 수없이 낙오했고 다른 병사들도 몹시 괴로워했다. 나 역시 숨이 턱까지 차올라서 차라리 죽고 싶다는 생각이 들 정도로 고통스러웠다. 조금이라도 짐을 줄이려고 수통의 물까지 버린 사람도 있었다. 선두조차 지쳐서 더 이상 나가지 못했다. 모두가 한계에 이른 것 같았다.

그때였다. 갑자기 한 달 후에 전역할 최고참 선임병이 중간에 서더니 한 사람씩 한 사람씩 등을 밀어주면서 맨 뒤로 자리를 옮겼다. 경험이 있는 사람은 알겠지만, 행군 시 맨 앞에 서는 것과 맨 뒤에 서는 것은 하늘과 땅 차이다. 그만큼 뒤에서 걷는 것이 힘들다. 그 최고참 선임병은 전역을 한 달 앞두고 이 지옥 같은 훈련에 참여하게 되었다. 그래서 우리는 그의 군장을 가볍게 해주었고 맨 앞에서 걷게 한 것이다. 그런 그가 갑자기 우리를 모두 앞으로 보낸 다음 자신은 맨 뒤에서 따라오기 시작했다. 도대체 무슨 생각으로 저럴까? 솔직히 너무 힘들어서 그가 뒤로 가든 말든, 신경을 쓸 수 없었다. 그런데 잠시 후

나는 온몸의 털이 모두 서는 듯한 잊지 못할 경험을 했다.

"나는 특공대다! 나는 특공대다! 나는 특공대다!"

간부들 심지어 대대장이 불러도 개미 같은 목소리로 관등성명을 대던 그가 온 산이 울리도록 쩌렁쩌렁 소리를 지른 것이다. "나는 특공대다! 나는 특공대다!" 그 목소리가 귀 안쪽 달팽이관을 순식간에 지나 심장까지 들어와 내 영혼의 종을 마구 흔들어댔다. 거기서 울려 퍼지는 소리는 새롭게 나의 혈관과 근육을 타고 나가 내 눈과 팔 다리에 새 힘을 공급했다. 잠시 후 상병들도 "나는 특공대다! 나는 특공대다!"라고 외쳤다. 뒤이어 일병과 이등병도 "우리는 특공대다! 우리는 특공대다!"라며 한목소리로 소리쳤다. 아무 힘도 남지 않았던 우리는 그렇게 소리치며 움직이기 시작했다!

지금도 그 순간을 생각하면 다시금 심장이 뛰고 눈앞이 뿌옇게 흐려진다. 결국, 그날 우리 분대는 한 사람의 낙오자 없이 점봉산 고지를 넘었다. 그날 그 최고참 선임병의 외침은 내 정체성을 분명하게 했다. 인생의 기울기와 나의 정체성이 얼마나 깊이 연관되는지 알게 되었고, 나는 왜 여기에 있는지 새롭게 깨달았다.

나는 그때를 생각하며, 지금도 힘들고 어려울 때마다 이렇게 외친다.

"나는 그리스도의 군사다! 나는 그리스도의 특별한 군사다! 나는 십자가를 지고 주님을 따라간다! 주님이 나를 부르셨다! 이 특별한 땅과 사람들을 위해 나를 부르셨다. 그때 점봉산을 넘어간 것처럼 이 사명의 산을 넘어갈 것이다! 나는 평생 주님의 좋은 군사로 승리할 것이다!"

기울기와 상황은 이토록 중요하다. 이 둘의 연결 관계를 이해해야만 자신을 포함한 주변의 소중한 존재를 이해하고 위로할 수 있다. 또한, 이 둘을 제대로 연결해야 내가 누구이며 우리가 누구인지 성경적이고 구속사적으로 알 수 있다.

그리스도인은 언제나 두 가지 사실, 즉 내가 어디에 있으며 동시에 그 자리에서 나는 누구인지를 알아야 한다. 이해와 격려가 사람을 위로할 수는 있지만, 본질적인 변화를 이루어내는 힘은 다른 데서 나온다. 나 역시 지난 30년 가까운 목회 현장에서 얼마나 많은 사람을 위로했던가? 하지만 그들 중 대다수는 변화되지 않았다. 내가 야고보서에 관한 책을 쓰기로 마음먹은 것도 그들에 대한 안타까움과 미안함이 있기 때문이었다. 또한, 그들을 제대로 돌보지 못한 것에 대한 회개의 마음도 담겨 있다.

다시 한번 말하지만, '내가 지금 어디에 있는가' 만큼 중요한 것이 '내가 누구인가'이다. 시험과 시련이라는 현실 앞에서는 누구나 힘들다. 하지만 상황이라는 기울기는 나의 진짜 정체성을 시험하고 검증하는 기회다. 골리앗 앞에 선 다윗처럼, 음란의 유혹 앞에 놓인 요셉처럼, 죽음의 위기 앞에 선 다니엘처럼, "왜 나에게 이런 일이 일어나는가?"가 아니라 "지금 이 상황에서 나는 누구인가?"라는 분명한 정체성 자각은 삶이라는 기울기에서 빛을 발한다. 이것으로 "주님께서 주신 이 상황의 기울기에서 주님이 기대하고 원하시는 내 모습은 무엇인가?"라는 제대로 된 질문을 하고, 그 해답을 찾아갈 수 있다.

이러한 흐름은 신약성경에서 야고보서의 전유물이 아니다.

> 그러나 너희는 택하신 족속이요 왕 같은 제사장들이요 거룩한 나라요 그의 소유가 된 백성이니 이는 너희를 어두운 데서 불러 내어 그의 기이한 빛에 들어가게 하신 이의 아름다운 덕을 선포하게 하려 하심이라(벧전 2:9).

> 우리는 뒤로 물러가 멸망할 자가 아니요 오직 영혼을 구원함에 이르는 믿음을 가진 자니라(히 10:39).

진심으로 "아멘!"이다. 당신이 진정한 그리스도인이라면 역시 "아멘!"이 절로 나올 것이다. 예수님은 우리를 "소금과 빛"이라고 부르셨다. 그런데 앞에 한 단어가 더 있다. 바로 "이 세상의" 소금과 빛이다(마 5:13-16). 천국에서 우리는 더 이상 소금과 빛의 역할을 하지 않아도 될 것이다. 그곳에는 더 밝고 영원한 것이 있다. 그러나 이 부패하고 어두운 세상 속에서 우리는 소금이고 빛이다.

더 나아가, "내가 누구인가?"는 '내가 가는 길'과 직결된다. 결국, 내 인생의 기울기는 정체성과 밀접하게 연결되고, 정체성은 사명의 길로 이어진다. 점봉산을 올라야 했지만 아무 힘이 없던 우리에게 그 고참 선임병이 소리쳐 주었던 것처럼, 신앙의 험한 산을 넘는 우리에게 이제 야고보가 앞장서 큰소리로 외칠 것이다. 그래서 야고보서는 모든 문단이 명령문으로 시작한다. 야고보의 외침을 들어보라. 그러면 기울어진 땅에 발을 딛고 살아가야 하는 당신에게도 내가 느꼈던 그 감동과 감격처럼 '진짜 평안'이 임할 것이다. 멈추어 서게 하는 어설픈 평안함이나 위로가 아니라, 진정 앞으로 나가게 하는 평안 말이다. 그렇기에 야고보는 비참한 삶의 현실로 참담해하는 나와 당신에게 강력히 외친다. 아니 명령한다. "여러분이 그리스도인으로 살아가면서 여러 시험을 마주하게 된다면 감사하는 마음으로 그 시험들을 철저히 기쁘게 받아들이십시오."

2장

진짜 그리스도인, 나는 어디에 있는가?

1. 큰 그림을 알면 마음이 평안하다

여러분은 바로 그런 존재로 새로 태어났기 때문입니다.
여러분이 마주하는 여러 시험은 여러분의 존재를
연단하기 위한 과정일 뿐입니다.
여러분은 이 고난과 시련 가운데 깨달은 진리를 철저히
삶과 행동으로 살아내십시오.
바로 그 삶으로 살아내는 인내의 과정을 온전히 통과할 때
여러분은 예수님의 마음과 능력을 갖춘
진짜 그리스도인으로 완성되는 것입니다.

야고보서 1:3-4, MPT

인생에는 하고 싶은 일이 있고 해야 할 일이 있다. 달리 표현하자면 우리에게는 가고 싶은 곳도 있지만, 가야 할 곳도 있다. 하고 싶은 일만 하고 가고 싶은 곳만 간다면 재미는 있겠지만, 의미는 잃기 쉽다. 하지만 해야 할 일과 가야 할 곳으로 향하는 발걸음은 힘들고 어렵더라도 한 사람의 인생을 깊어지게 한다. 힘든 군 생활을 마쳤을 때 나에게는 해야 할 일, 가야 할 곳이 있었다. 그곳은 바로 치과(!)였다.

나는 지금도 치과 가는 것이 정말 싫다. 엄살을 좀 보탠다면 군대를 다시 가는 것만큼 싫다. 하지만 혹독한 군 생활을 겪으며 치아 상태가 극도로 나빠졌기에, 가기 싫다고 안 갈 수가 없었다.

재입대하는 마음으로 치과에 갔다. 심호흡을 크게 한번 하고 치과에 들어가 의자에 누웠다. 한참이나 치아를 본 의사 선생님은 엄청난 충격을 받은 듯한 표정을 짓더니 혀를 끌끌 찼다.

"이거 큰일 났구먼."

그리고 이어진 말을 아직도 잊을 수 없다.

"환자분 얼굴은 20대인데, 치아는 60대네요!"

아, 어쩌란 말인가? 나는 선천적으로 이와 잇몸이 약했다. 어렸을 때부터 이가 잘 부러졌으며, 잇몸에서 피가 나는 일이 흔했다. 그야말로 '깡촌'이라 할 만한 시골에서 살았기에 초등학교 고학년이 돼서야 처음으로 치과를 가게 되었다. 그때 의사 선생님이 아버지에게 했던 한 마디가 아직도 기억에 생생하다. "이 아이는 전문적으로 잇몸 치료를 받아야 합니다."

하지만 우리 집은 너무 가난했기에 자주 치과에 갈 수 없었다. 당시만 해도 치과에 갈 수 없는 이유를 제공했다는 점에서는 가난함이 어리숙한 감사의 조건이 되기도 했다. 이처럼 선천적으로 이가 약하고 치료 시기도 놓친 탓에 내 잇몸과 치아는 날로 약해져 갔으며 군대에 있으면서는 상태가 급격히 악화되었다. 씻지 못할 뿐 아니라, 마실 물조차 없는 훈련 상황에서 칫솔질도 제대로 못 하는데, 치아 관리를 한다는 것은 불가능에 가까웠다.

음식을 먹기만 하면 입에서 피가 나와 전역 후 어쩔 수 없이 치과에 갔는데, 그때 내 치아 상태는 이미 사형 선고를 받은 것과 다름없었다. 우여곡절 끝에 좋은 의사 선생님을 만나 무려 3년간 이틀에 한 번꼴로 병원에 가는 대장정이 시작되었다. 신경 치료에 잇몸 수술까지, 입속에 할 수 있는 거의 모든 것을 다 했다. 아마 지금까지 엉덩이와 팔에 맞은 주사보다 잇몸에 맞은 주사가 더 많을 것이다.

내 잇몸은 여전히 좋지 않다. 그렇게 약한 잇몸 위에 자리 잡은 치아 상태 역시 좋지 않다. 오랫동안 치료했지만 온전히 회복되지는 못했고, 지금도 거의 모든 치아가 흔들거린다. 이미 3개는 뽑혔고 나머지 몇 개도 원래 이가 아니다.

놀라운 사실은, 이 오랜 기간의 치료 덕분에 나에게 특별한 습관이 생긴 점이다. 나는 딱딱한 음식을 일절 먹지 않으며, 식사를 마치고 1분 안에 제대로 된 칫솔질로 3분 이상 양치를 한다. 뿐만 아니라 물이 가늘고 강하게 나와 치아 사이사이를 씻어주는 워터픽waterpik이라는 기계와 세정제를 사용하여 치아를 관리하며, 식사와 식사 사이에 군것질은 하지 않는다. 치아나 잇몸에 조금이라도 이물질이 남아 있으면 엄청난 고통을 느끼기 때문에 음식을 먹은 뒤 바로 칫솔질을 하거나 치실로 관리한다.

물론 무척 번거롭지만, 습관이 되니 지금은 익숙하다. 어디를 가든 속옷은 못 챙겨도 칫솔과 치약 2개 이상을 워터픽과 함께 꼭 챙긴다. 이가 튼튼한 분들은 이런 내가 안쓰럽겠지만 오히려 나는 이 약함으로 더 많은 유익을 누리고 있다. 나는 고등학교 2학년 무렵의 체형을 마흔 때까지 유지했고 이제 곧 쉰 살이 되는데 허리둘레는 여전히 30인치다. 친구들을 만나면 다들 튀어나온 배로 와이셔츠 단추가 터질 지경이지만, 나는 그동안 살이 쪄 옷을 새로 산 적도 없었고, 배가 나와 고생하지도 않았다. 몸은 항상 가볍고 날마다 규칙적인 생활을 하고 있다.

물론 지금도 밤에 갑자기 찾아오는 통증과 조금이라도 차갑거나 뜨거운 음식을 먹을 때 느껴지는 아픔은 그림자처럼 나를 따라다닌다. 하지만 감사하게도 약한 치아 덕분에 성실한 삶이 몸에 배었다. 고린도후서 13장 4절 말씀을 조금 바꾸어보자면, "내 치아의 약함으로 인해 나는 고통을 많이 당했으나, 하나님께서 주신 성실함으로 더 건강한 삶을 살게 되었다."

이처럼 약한 잇몸은 나의 장점을 더욱 계발하게 해준 선한 도구가 되었다. 밥을 먹으면 항상 이를 닦고 관리해야 하기에 나는 되도록 멀리 여행하거나 이동하지 않는다. 교회와 서재에 머무는 시간이 많다 보니 책을 좋아하게 되었고, 글쓰기에 흥미를 느끼게 되었다. 덕분에 성경 전체를 140번 읽고, 10번 이상 연구했으며, 1만 권의 독서와 여러 서평으로 500만 원이 넘는 상을 받은 적도 있다. 이 책을 비롯한 5권의 저서와 1권의 번역서를 냈고, 조만간 남은 인생을 걸어 성경 전체를 번역할 것이다. 그렇다. 나에게는 고난이 유익이 되었다. 극한 고난은 나에게 지독한 인내와 특별한 지혜를 주었다. 다만, 이 사실을 체득하기까지 만만치 않은 고통을 감내해야 했다.

처음 치과에 갔을 때, 의사 선생님은 새로운 방법을 찾아보자면서 치아를 무려 16개나 뽑자고 제안했다. 당시에 임플란트라는 혁명적인 기술이 처음 나왔는데 나를 실험 대상으로 하고 싶어 했다(나중에야 안 사실이지만 내 잇몸은 유난히 약해 당시 기술로는 임플란트조차 할 수 없었다). 그날 집으로 오면서 얼마나 울었는지 모른다. 부모님을 원망하고 하나님도 원망했다. 왜 내가 이런 고통을 당해야 하는가? 내가 선택한 것도 아니고, 내가 잘못한 것도 아닌데!

요한복음 9장에는 태어날 때부터 앞을 보지 못하는 한 젊은이가 나온다. 그가 가진 문제는 부모의 죄도 자신의 죄도 아니었다. 그러나 그는 눈을 뜨고 나서야 '자신을 통해 하나님이

하시는 일을 나타내고자 하셨음을' 깨달았다. 나 역시 어렸을 때는 고통과 고난이라는 포장지에 담긴 선물의 진정한 모습, 그 큰 그림을 보지 못했다. 그러므로 이제라도 우리는 하나님의 큰 그림을 보아야 한다. 작은 상처와 약점에 함몰되어 살지 말고 이것을 통해 이루시려는 하나님의 큰 그림을 조망해야 한다.

야고보는 나처럼 고난과 시험 가운데 있는 형제자매들에게 큰 그림을 보여준다. 그는 "여러분이 마주하는 여러 시험은 여러분의 존재를 연단하기 위한 과정일 뿐입니다. … 바로 그 삶으로 살아내는 인내의 과정을 온전히 통과할 때 여러분은 예수님의 마음과 능력을 갖춘 진짜 그리스도인으로 완성"(1:2-4)된다고 말한다. 그래서 조금 후에 "특히 삶의 중심을 하나님께로 옮기는 과정에서 능력 있게 승리하는 비결은 철저히 감사하는 데 있습니다. 감사는 시험을 통해 연단받은 사람에게 생명의 면류관을 줄 것입니다"(1:12)라고 말한 것이다. 이것은 야고보의 독자들만이 아니라, 그리스도인 모두를 향한 하나님의 큰 그림이기도 하다. 여기에는 예외가 없다! 그래서 야고보는 "여러 시험을 마주하게 된다면 감사하는 마음으로 그 시험들을 철저히 기쁘게 받아들이"(1:2)라고 말한다.

문제는 이런 고난을 만났을 때 누구나 큰 그림을 보는 것은 아니라는 데 있다. 그래서 큰 그림을 보려면 육적으로든 영적으로든 높은 곳으로 올라가야 한다. 전체 풍경을 보려면 높은 고지에 올라야 하듯, 하나님의 거대한 계획을 보려면 영적으로 높은 고지에 올라가야 한다.

어떻게 올라가는가? 뒤에서 이야기하겠지만, 높은 고지로 올라가는 가장 확실한 길은 '기도'이다. 기도는 우리의 영적 시각을 높이는 고속 엘리베이터와 같다. 그래서 야고보는 명령한다. "우리 중에 누군가가 고통을 당하면 낙망하지 말고 고개를 들어 주님께 기도하고…"(5:13). 그렇다! 내 삶의 기울기와 정체성을 알았다면 이제는 하나님의 큰 그림을 보고 지도를 넓게 펼쳐야 한다.

물론 우리가 하나님의 모든 뜻을 한 번에 다 알 수는 없다. 또 모두 다 알았다고 해서 반드시 유익한 것도 아니다. 만약 하나님께서 당신을 순교자로 부르셨는데, 10대에 그 사실을 알았다면 그분의 뜻을 따를 수 있겠는가? 하지만 하나님께서 보여주시길 원하는 만큼은 볼 수 있어야 하지 않겠는가?

그래서 큰 그림을 보려면 무엇이 핵심인지를 이해하는 것이 필요하다. 여행하려면 방위와 나침반이 필수이듯, 지도를 바로 보려면 지도에 그려진 다양한 기호의 의미를 충분히 이해해야 한다. 영적인 지도도 마찬가지다. 영적인 핵심 요소를 철저히 파악하고 있어야 큰 그림을 볼 수 있다.

이 말은 익숙해져야 한다는 뜻이다. 단어 하나하나를 사전을 찾아가면서 아는 수준이 아니라 한국어처럼 입에서 자연스럽게 튀어나오는 것이 익숙해진다는 의미이다. 이 과정에서 우리는 그분이 내게 하시는 모든 일이 선하다는 전적인 신뢰감을 마음속에 품어야 한다.

사실 하나님은 이해의 대상이 아니라 신뢰의 대상이다. 하나님은 누구에게나 큰 그림을 갖고 계시고 그 큰 그림을 이해하고 파악하게끔 핵심 요소를 선물로 주신다.

오랫동안 고통받던 20대, 어느 날 기도 중에 하나님은 내게 말씀하셨다. "너에게 선한 일을 했기에 내가 선한 것이 아니라, 내가 언제나 선하기에 너에게 하는 모든 일이 선하단다." 인생의 무거운 짐으로 힘들어하는 독자가 있다면 하나님께서 그때 주셨던 이 감동으로 힘을 얻길 바라며 나누어본다.

야고보는 먼저 영적인 핵심 요소가 무엇인지 소개한다. 그것이 바로 '고난, 지혜, 기도, 인내'이다. 앞으로 이것들을 하나씩 다룰 것이다.

첫 번째 적용

말씀을 삶으로 살아내기

1. 지금까지 살아온 인생을 도표나 화살표로 간략하게라도 그려보자. 나는 하나님의 큰 그림에서 어디 즈음 왔다고 생각하는가?

2. 지금 내 인생에서 가장 중요하다고 생각하는 요소들을 적어보자. 그것 중에서 야고보가 말한 것도 들어 있는가? 빼야 할 것과 더해야 할 것을 점검해보자.

3. 지금, 이 순간 반드시 해결되기를 바라는 기도 제목 하나를 적어보자. 그리고 생각해보자. "나는 지금 큰 그림을 보고 있는가? 아니면 편협한 시각으로 일부분만 보고 있는가?" 무엇보다 지금 하나님의 마음, 하나님의 시각을 열어달라고 기도하자.

2. 큰 그림 1
의미를 깨달은 고난

여러분은 바로 그런 존재로 새로 태어났기 때문입니다.
여러분이 마주하는 여러 시험은 여러분의 존재를
연단하기 위한 과정일 뿐입니다.
여러분은 이 고난과 시련 가운데 깨달은 진리를 철저히
삶과 행동으로 살아내십시오.
바로 그 삶으로 살아내는 인내의 과정을 온전히 통과할 때
여러분은 예수님의 마음과 능력을 갖춘
진짜 그리스도인으로 완성되는 것입니다.

야고보서 1:3-4, MPT

이제 큰 그림의 중요한 요소를 하나씩 소개하고자 한다. 한 사람의 인생을 하나님께서 원하시는 길로 완전하게 이끄실 때 반드시 사용하는 요소가 다 들어 있기 때문이다. 그중에 야고보가 말하는 가장 중요한 요소는 앞서 말한 것처럼 고난, 지혜, 기도 그리고 인내이다. 이 네 가지는 큰 그림의 핵심 위치를 차지하고 있으므로 당연히 서로 연결되어 있다.

그중에서 먼저 고난부터 이야기해보자. 고난과 관련해서 정말 의미 있고 좋아하는 이야기를 하나 소개하고자 한다. 이제 하늘나라에 가실 날이 얼마 남지 않은 노년의 목사님이 계셨다. 이 목사님은 충성스럽게 복음을 전했고, 많은 사람에게 감동을 주는 삶을 살았다.

어느 날, 한 청년이 목사님을 찾아갔다. 그는 평소에 무척 존경하던 목사님 앞에 서게 되자 몹시 설레었다. 그래서 떨리는 마음을 가까스로 진정시키고 목사님에게 부탁했다.

"목사님, 저를 위해 축복 기도를 해주십시오."

잠시 생각에 잠겼던 목사님은 그 청년의 머리에 손을 얹고 짧지만 분명한 기도를 드렸다.

"주님, 이 젊은 청년에게 고난에 고난을 그리고 더 큰 고난을 더하소서."

손을 어긋나게 하여 자신의 두 아들을 축복하던 아버지 야곱에게 속상한 마음을 터놓았던 요셉처럼, 십자가를 지고 가겠다고 말씀하신 예수님을 야단친 베드로처럼, 청년은 화를 내며 머리를 뺐다.

"아니, 목사님! 복을 빌어 달라고 했는데, 어째서 고난을 더해 달라고 기도하십니까?"

골이 잔뜩 나 있는 청년에게 목사님은 사랑과 단호함을 담은 표정으로, 방금 했던 기도보다 더 분명하게, 자신의 삶 전체가 녹아 있는 한 마디를 해주었다.

"사랑하는 형제여, 고난만이 진정한 축복의 통로라는 것을 왜 모르는가?"

나는 이 이야기를 듣는 순간, 청년이 바로 '나 자신'임을 알았다(어쩌면 당신일지도 모르겠다). 사람들은 성공 스토리에 관심이 많다. 고난을 두려워하며, 될 수 있는 대로 멀리하려고 한다. 심지어 고난의 축복을 설교하니 이단이라고 하면서 교회를 떠난 청년도 있었다. 물론 나 역시 고난을 달갑게 받아들이지는 못한다.

그러나 이제는 실패한 이야기, 아니 더 정확하게는 고난의 이야기를 들어야 한다. 나는 지금까지 제자를 삼을 때마다 항상 복음과 구원 그리고 소명의 확신뿐만 아니라 그 사람이 고난을 겪었는지를 가장 먼저 점검해왔다. 고난이 없다는 것은 삶의 일부가 부족한 문제가 아니라 삶 전부가 없는 것이기 때문이다. 고난은 인생의 참된 가치를 배우고 죄를 끊게 하며 하나님의 뜻을 이루는 '인내'를 얻게 한다. 또한, 하늘의 지혜를 얻어 깊은 기도의 사람으로 만들어주며, 겸손과 순종의 사람으로 변화시킨다. 따라서 고난은 하나님의 선물이다. 그런데도 고난을 피해 달아나려 하는가? 나의 사사로운 의견이 아니라 성경 말씀과 참된 신앙을 살아온 스승들의 삶이 그러하다. 바울과 베드로 역시 야고보와 같은 이야기를 한다.

다만 이뿐 아니라 우리가 환난 중에도 즐거워하나니 이는 환난은 인내를, 인내는 연단을, 연단은 소망을 이루는 줄 앎 이로다(롬 5:3-4).

사랑하는 자들아 너희를 연단하려고 오는 불 시험을 이상한 일 당하는 것같이 이상히 여기지 말고 오히려 너희가 그리스도의 고난에 참여하는 것으로 즐거워하라 이는 그의 영광을 나타내실 때에 너희로 즐거워하고 기뻐하게 하려 함이라 (벧전 4:12-13).

고난은 예수님을 닮는 가장 온전한 길이라는 데 큰 가치가 있다. 많은 그리스도인이 예수님께서 우리를 위해 모든 것을 다 하셨기 때문에 자기는 아무것도 하지 않아도 된다는 '값싼 은혜'에 빠져 산다. 그러나 복음은 그런 것이 아니다. 복음을 받아들인 후 그것을 진정으로 누리고자 한다면 반드시 주께서 걸어가신 십자가의 길을 걸어야 한다고 예수님도 여러 번 말씀하셨다. 우리가 대위임령이라고 중요하게 생각하는 마태복음 28장도 주동사로 나오는 단어가 바로 '제자 삼는 것', 즉 '제자가 되는 것'이다. 그리고 예수님은 자신을 닮는 자들, 즉 그리스도인에게 분명하게 말씀하셨다. "자기를 부인하고 십자가를 지라"고 말이다.

이 말이 얼마나 중요한지, 공관복음에 빠짐없이 나온다(마 16:24, 막 8:34, 눅 9:23). 주님의 말씀은 넓은 길을 포기하고 일부러 좁은 길로 걸으라는 것이며, 더 심하게 말해 '고난이 보장된' 길로 찾아가라는 것이다. 다시 한번 강조하지만, 여기에 예외란 없다! 고난은 모든 그리스도인이 걸어가야 하는 길이다. 예수 믿으면 내 인생에 탄탄대로가 열릴 거로 생각하겠지만, 실제로는 좁은 길로 들어가는 입구가 보인다. 만약 그렇지 않다면 당신은 가짜 복음을 들은 것이고, 지금 가짜 그리스도인으로 살고 있지는 않은지 돌아보라.

예수님을 믿는 것은 힘들 수밖에 없다. 그래서 제대로 믿으려면 목숨을 내놓아야 한다. 고난은 그리스도인의 삶에서 선택이 아닌 필수 요소다. 따라서 자신이 그리스도인이라고 하면서도 복음과 함께 받는 고난이 없다면 당신은 가짜이거나 위선자일 수밖에 없다. 당신에게 고난이 없다면 말씀대로 살지 않거나 세상과 타협하거나 예수님을 부인하는 베드로처럼 멀리서 세상 눈치를 보면서 따른다는 증거다.

이 말이 극단적으로 들리는가? 그렇지 않다. "예수님을 믿지만 고난은 모른다"라고 한다면, 그것은 분명 당신이 한 번도 복음을 전해 본 적 없고, 가난한 사람들에게 가진 것을 나눈 적도 없으며, 주님을 위해 헌신한 적도 없기 때문이다. 매 맞는 흉내만 내면 고통을 못 느끼는 것처럼, 예수 믿는 흉내만 낸 사람은 당연히 고난을 알지 못한다. 아울러 교회에서 은혜만 구할 뿐 섬기지 않기 때문이며, 불평과 원망만 할 뿐 같이 울지 못하기 때문이다. 그리고 예수님과 성경에 대해 머리로만 알고 싶어 할 뿐 그분의 땀과 눈물을 삶에 적용하지 않기 때문이다.

"복음을 받아들이고 나서 그렇게 힘들게 살아야 한다면, 나는 믿지 않겠소!" 이렇게 말할 사람도 있을 것이다. 하지만 솔직히 세상에서 숨 쉬며 사는 사람 중에 고난 없는 사람이 어디 있겠는가? 놀고먹기만 해도 힘든 법이다. 사는 일은 다 어렵다는 뜻이다. 사람으로 태어난 자체가 고난이다. 육신을 입고 사는 것 자체가 고난이다. 누구에게나 자기만의 고난은 있다.

인생의 가치는 우리가 얼마나 가치 있는 고난을 통과하느냐에 달려 있다. 세상에는 의미 없는 고난도 많기 때문이다. 남을 속여 돈을 빼앗는 일도 힘들 수 있지만, 누구도 그것을 의미 있다고 하지는 않는다. 상당수 고난은 자초한 것이다. 그래서 야고보서에도 "자신의 욕망"에 이끌려 시험을 받아 고생하는 사람과(1:12-15, 4:1-3) 주님의 진리에 따라 살려고 성령님과 함께 몸부림치다가 고난받는 사람을 대조한다(1:2-4, 1:12, 4:9-10). 자기 욕심에 이끌려 미혹을 받아 당하는 고난의 끝은 사망이다. 그래서 야고보는 "욕망이 잉태하여 죄라는 자녀를 낳으며 그 죄라는 자녀는 완전히 자라 결국 사망이라는 결과로 끝나게"(1:15) 된다고 단호하게 말한다.

그렇다면 의미 있는 고난이란 무엇인가? 바로 주님을 따라가면서 당하는 고난이다. 나를 부인하고, 자기 십자가를 지고 주님을 따르다가 당하는 고난이야말로 의미 있고 고결하면서 가치 있다. 쇠가 담금질과 망치질을 거쳐 강철이 되는 것처럼, 고난은 나를 새롭게 한다. 우리는 고난을 통해 지혜를 만나고 인내를 배우고 부족함을 채워서 하나님께서 원하시는 사람으로 성장한다. 주님과 함께 고난받자는 말을 부담스러워 하는 이유는 고난을 통한 신비를 모르기 때문이다. 어떻게 산통 없는 출산이 있겠는가?

이제는 생각을 바꾸어야 한다. 고난 없는 삶이 아니라, '가치 있는 고난'을 감당하는 삶이 되어야 한다. 이제는 고난을 없애 달라고 기도하지 말자. 오히려 가치 있는 고난을 받아들이고 즐기도록 기도하자.

여기서 한 단계 더 나아가 의미 있는 고난을 '어떻게' 통과하느냐도 중요하다. 가령, 고난을 만났을 때 상처받고 대인 기피증에 시달리고 회의주의자가 되어 하나님도 외면하는 사람이 있다. 가치 있는 고난을 감당하는 것과 함께, 그 과정을 어떻게 경험하고 통과하느냐가 더욱 중요하다.

그 고통의 자리에서 주님을 바라보고 주님을 닮고, 그분께서 나에게 선물하신 큰 그림, 고난을 통해 만들어지는 위대한 인생을 보아야 한다. 그러면 십자가의 땀 냄새와 피 냄새를 맡고, 목이 쉬도록 기도하며, 철저한 자기 부인을 통해 갈 길을 배우고, 적극 낮아지고 새로워진다. 그렇게 고난을 사랑하게 되고 나는 결국 하나님과 하나님 나라에 의미 있는 존재로 변화되어간다.

따라서 고난은 가장 선하신 하나님께서 내 인생을 위해 펼치신 큰 그림을 온전히 내 것으로 누리게 하는 신비다. 의미 있는 고난을 환영하고, 하나님께서 허락하신 그 고난을 잘 통과하도록 마음의 태도부터 바꾸자. 나는 지금도 내가 감당하기 힘든 고난 한가운데로 걸어가면서 이렇게 기도한다.

주여, 종에게 가벼운 십자가가 아니라
강한 어깨를 주시옵소서.

지독한 고난 중에서 주님께 배운 기도이기에 당신도 한번 사용해보면 큰 능력이 되어줄 것이다.

두 번째 적용

말씀을 삶으로 살아내기

1. 지금까지 살면서 내가 경험했던 가장 큰 고난은 무엇인가? 현재 자신을 가장 힘들게 하는 시련이 있다면 무엇인지 적어보라.

2. 당신은 고난을 피하는 스타일인가 아니면 돌파하는 스타일인가? 여기서 중요한 것은 위기가 기회이고, 고난은 소망을 이루는 기회가 된다는 점이다. 당신에게는 이러한 태도가 있는가?

3. 하나님께서 지금 이 고난을 나에게 왜 허락하셨는지 생각해보자. 이 고난을 통해 하나님은 내가 어떤 사람이 되길 기대하시는가? 지금의 고난을 크고 넓게 보기 위해 무엇을 하고 또 무엇을 하지 말아야 할지 기도하며 결단해보자.

3. 큰 그림 2
하늘에 속한 지혜

하지만 여러분 중에 그 과정에서 당하는 여러 고난을 이겨 낼
힘과 지혜가 필요하다면 하나님께 기도하십시오.
그러면 하나님께서 꾸중 한마디 하지 않으시고
풍성하게 지혜를 주실 것입니다.

야고보서 1:5, MPT

뜬금없겠지만, 고난과 지혜는 아주 밀접하게 관련되어 있다. 그러므로 고난을 잘못 이해하면 지혜에 대해서도 오해하기 쉽다. 한편으로는 의미 있는 고난을 직면했을 때 이를 받아들여 승리하는 삶을 살려면 하늘의 지혜가 필요하다는 의미로도 통한다.

모세가 팔십의 나이에 하나님의 소명을 받들고 이집트 땅에 왔을 때, 그는 누구에게도 환대받지 못했다. 모세가 "내 백성을 보내시오!"라고 바로에게 당차게 말했을 때, 바로는 그런 모세를 이상한 사람으로 취급했다. 그리고 모세의 말로 인해 이미 고통과 억압 속에 있는 이스라엘 백성은 더 가혹한 대우를 받게 된다.

이스라엘 백성은 불평했다. 작은 그림밖에 볼 수 없던 그들에게 모세는 차라리 나타나지 말았어야 할 사람이었다. 노예 근성이 깊이 자리 잡아 그저 노예의 시각으로만 살아가던 이스라엘은 바로 눈앞에 닥친 고난에 힘겨워했다. 하나님의 구원이라는 큰 그림을 완성하기 위해 잠시 겪어야 하는 과정을 받아들일 수 없었던 것이다(출 5장). 야고보의 시각으로 보자면 그들에게는 지혜 곧 하늘의 지혜가 없었다.

오늘날 소위 믿음의 사람이라고 자부하는 그리스도인에게서도 여전히 불평의 소리가 들려온다. 많은 사람이 상담을 요청하며 찾아와 이렇게 말했다. "예수 믿고 나서 왜 고난이 더 많아졌는지 모르겠어요. 날마다 시험에 드는 느낌이에요." 하나님께서 나에게 시험을 주신다(1:13)고 불평했다는 구절을 보면서 야고보서가 쓰인 당시에도 그런 사람이 많았던 것 같다. 하지만 야고보는 하나님은 악에게 시험을 받지도 않으시고 친히 아무도 시험하지도 않으신다고 단호하게 말한다.

물론 우리는 창세기 22장이나 사복음서 이야기를 통해 하나님께서 아브라함을 시험하신 것과 예수께서 광야에서 시험받으셨음을 안다. 하지만 여기서 말하는 시험은 그런 종류의 시험이 아니다. 시험의 출발점과 목적지가 다르다. 성경을 읽을 때 단어만 보지 말고, 문맥을 잘 읽으면 이런 문제는 쉽게 해결된다. 그래서 고난을 당할 때도, 성경을 읽을 때도, 세상을 살 때도 주님을 믿고 따라가는 길에도 지혜가 필요하다. 특히 큰 고난을 이겨내려면 큰 지혜가 필요하다.

지금은 잠언 말씀처럼 정말 지혜를 불러 구해야 하는 시대다(잠 8:1). 문제는 이 지혜가 책을 읽거나 공부를 통해 얻어지는 것이 아니라는 데 있다. 세상에서 가장 학식이 풍부했던 솔로몬은 하나님을 경외하는 것이 지혜의 근본이라고 잠언에서 분명하게 말한다(잠 1:7, 9:10). 그렇다. 참된 지혜는 하나님에게서 나온다. 바로 하늘에서 나오는 것이다. 그래서 야고보는 "모든 영적인 선물과 모든 완전한 은사는 위에서부터, 즉 빛들의 아버지이신 하나님에게서"(1:17) 나오며, 그 하늘에서 나온 지혜는 "무엇보다 우리가 일상에서 사용하는 언어 자체를 거룩하게 만들어 결국 평화, 관용, 유순, 긍휼 그리고 선한 행동이라는 열매로 이어집니다. … 그들은 평화의 씨앗을 뿌림으로 하나님께서 기뻐하시는 삶, 곧 의로운 열매를 거둡니다"(3:17-18)라고 강조한다. 즉, 하나님을 경외하여 큰 그림을 보게 되고, 그래서 앞에 놓인 작은 고난이라는 장애물 너머를 보는 시야를 열어주는 것, 이것이 바로 지혜다.

문제는 이 지혜를 반대하고 대적하는 세상 지혜가 있다는 것이다. 예를 들어, 에덴동산에서 아담과 하와에게 하나님 경외하기를 반대하고 그분의 사랑을 의심하게 하려고 뱀의 입술에서 흘러나왔던 말들은 세상 지혜, 곧 사탄의 지혜이다. 결국, 이 세상의 지혜는 의심하면서 큰 그림을 보지 못하는 아담과 하와의 미약한 마음속으로 비집고 들어가 하나님의 지혜에 반대되는 말들이 되어 입 밖으로 나왔고, 결국 경외의 대상인 하나님을 원망하고(1:13), 동역자로 지음받은 사람에게 책임을 떠넘겼다.

이러한 사탄의 지혜는 숙성되고 독해져서 결국 궁극적으로는 "하나님이 없다"(시 14:1)는 엄청난 독설을 쏟게 만든다. 또한, 스스로 경건하다고 착각하고 막말하게 하고 마음을 속이며 일상 속에서 경건을 드러내지 못하는 삶으로 이어지게(1:26-27) 한다. 이처럼 세상적이고 정욕적이며 마귀적인 지혜는 세상을 시기, 다툼, 요란, 악한 일로 가득 차게 한다(3:15-16).

우리는 지름길처럼 보이는 속임수를 지혜라고 착각하고 추구하지만, 정법正法과 정로正路를 구하지 않는다. 에덴동산부터 마지막 때인 지금까지 하나님은 사람들에게 선택할 기회와 능력을 주셨다. 그러나 사람들은 이 능력을 제대로 사용하지 못하고 잘못된 것을 구한다. 그래서 야고보는 그렇게 된 이유를 잘 정리했다.

우리에게는 이런 악한 갈망뿐 아니라 선한 갈망도 있는데, 이런 것들은 왜 이루어지지 않을까요? 그 이유는 무엇보다 모든 것을 기도로 시작하지 않기 때문입니다. 그렇다면 기도로 시작했는데도 얻지 못하는 이유는 무엇일까요? 과정과 목적이 잘못되었기 때문입니다. 잘못된 방식과 목적으로 기도를 이어가고 있기 때문입니다. '주시옵소서!'라고 간절히 기도하지만 결국 하나님 나라와 뜻이 아닌 자기 정욕과 욕망을 채우려 하기 때문입니다(4:2-3).

야고보는 우리에게 제대로 된 지혜, 하늘의 지혜, 이 고난을 극복할 하나님의 지혜를 구하라고 명한다(1:5). 이쯤 되면 아마도 많은 사람이 "나도 구해봤습니다" 하고 반론을 제기할 것 같다. 그렇게 나름대로 구했지만, 참된 지혜를 얻지 못했다면 지혜를 구했던 상황의 시작, 과정, 결과를 잘 살펴야 한다.

먼저 간구의 시작이다. 지혜를 구했던 시작점이 단지 '상황이 해결되기만을 바라는' 것이었는지 아니면 '하나님께서 원하시는 큰 그림이 이루어지길 바라는' 것이었는지를 살펴보자. 결국, 태도의 문제이고 근본 방향의 문제다. 방향이 잘못되면 모든 것이 잘못된 것이다.

다음은 간구의 과정이다. 야고보는 "기도할 때 조금도 의

심하지 말고 믿음으로만 구하십시오"(1:6)라고 한다. 덧붙여, 의심하는 자는 바람에 밀려 요동하는 바다 물결 같아서 믿음으로 구하지 않는다면 아무것도 얻을 생각을 하지 말라고 엄하게 경고한다. 게다가 "믿음이 흔들리는 불안정한 사람은 이중 첩자 같은 사람"(1:8)이라는 심한 말을 하기도 했다. 주위를 돌아보면 애석하게도 너무 많은 성도가 하나님이 '주시지 않을' 것을 마음으로 확신하며 기도한다.

하지만 앞으로는 달라져야 한다. 나는 종종 이런 기도를 드린다. "주님 이미 주셔서 감사합니다. 그리고 당신의 뜻대로 하실 것을 감사합니다."

종의 병을 고치기 위해 찾아온 백부장이 예수님께 "그저 말씀만 하시면 됩니다"라며 강력한 믿음의 고백을 했을 때, 예수님은 그의 믿음이 크다고 칭찬하셨다. 또한, 사랑하는 친구 나사로가 죽은 지 4일이 지나 썩은 냄새가 날 때조차도 주님은 하나님께서 늘 자신의 기도를 들어주셨을 뿐만 아니라 이번에도 들으실 것을 믿고 먼저 감사드렸다. 우리도 예수님처럼 하나님을 절대적으로 신뢰해야 한다. 하나님에 대한 절대적인 신뢰가 곧 지혜로운 기도의 출발이다.

물론 우리가 그렇게 될 거라 믿고 장담하는 식의 기도를 하면 다 이루어진다는 말은 아니다. 우리가 주님에 대한 믿음을 고백함으로써 앞으로 어떠한 결과가 나오더라도 감사함으로 받을 준비가 되는 것을 말한다. 이 온전한 신뢰를 기반으로 한 지혜의 간구는 결국 제대로 된 결과로 이어진다. 그것은 뒤에 더 자세히 살펴볼 '자랑'이기도 하다. 지금은 가난할지라도 하나님이 내게 하신 모든 일이 선하다는 믿음과 변화될 영적 신분을 미리 감사할 때, 우리는 주님을 자랑할 수 있다. 부자들도 이미 주님께서 주신 물질에 감사하며, 자신의 물질을 다른 사람에게 나누어 줄 수 있는 낮은 마음을 주시고, 주님처럼 베풀 수 있는 존재가 되었음을 자랑하게 될 것이다.

지혜 없는 사람은 하나님을 향한 믿음이 없고, 결국 하늘이 아닌 땅에 속한 것에 믿음과 신뢰를 둔다. 하지만 땅의 것들은 풀과 같고 꽃잎과 같아서 뜨거운 바람이 불면 하루아침에 사라진다. 결국, 땅의 것을 믿고 신뢰하며 그것을 자랑하고, 또한 그런 땅의 원리로 살아가는 것을 지혜 삼는 자도 같은 운명에 처한다. 그리고 종국에는 시편 기자가 말한 것처럼 "바람에 날리는 겨"(시 1:4)와 같아진다. 그러므로 지금까지 땅의 지혜로 살아온 것에서 돌이켜 하늘의 지혜를 구해보자. 하나님의 큰 그림을 볼 수 있고, 하나님의 큰 그림대로 내 존재가 변화될 지혜를 구해보자.

나는 교회를 개척하고 15년간 창세기부터 요한계시록까

지 한 장도 빠지지 않고 설교를 해왔는데 인간의 지혜로는 도저히 이해할 수도 없고 설교하기도 힘든 본문을 수없이 만났다. 그러나 교회 성도들을 위해 생명의 말씀을 전하고자 하나님의 마음과 지혜를 구했을 때 성령께서는 빠짐없이 지혜의 말씀을 주셨다. 이렇듯 하늘의 지혜를 구하는 모든 자에게 하나님은 아낌없이 주신다.

세 번째 적용

말씀을 삶으로 살아내기

1. 현재 내 인생에서 가장 필요한 것은 무엇인가? 돈인가? 사람인가? 기회인가? 아니면 하나님의 지혜인가? 사람은 결국 추구하는 것을 얻기 마련이다.

2. 당신은 지혜를 얻으려고 책을 읽거나 사람을 만나거나 다양한 시도를 해보았을 것이다. 모든 것을 포기하고 하늘의 지혜를 달라고 솔로몬처럼 기도해본 적은 있는가?

3. 솔로몬이 지혜를 구한 것처럼, 야고보가 지혜를 구한 것처럼, 나 역시 바로 지금 지혜를 구할 수 있다. 그러므로 자신이 구하는 지혜의 시작, 과정, 결과를 다시 한번 정리하고 점검해보자. 그리고 기도하자.

4. 큰 그림 3
고난 속에서 드리는 기도

다만 기도할 때 조금도 의심하지 말고 믿음으로만 구하십시오.
의심하는 기도는 바람에 요동하는 바다 물결처럼
불안정한 상태로 우리를 내몹니다.
생각해보십시오. 누가 흔들리는 기초 위에 물건을 담아 놓겠습니까?
하나님도 흔들리는 믿음을 가진 사람 위에
어떤 기도 응답도 담아 놓으실 수 없습니다.
더 심하게 말해, 믿음이 흔들리는 불안정한 사람은
이중 첩자 같은 사람이라서 사람에게도 하나님께도
신뢰받을 수 없어 그 어떤 가치 있는 것도 얻을 수 없습니다.

야고보서 1:6-8, MPT

고난을 이기기 위한 지혜는 기도와 밀접하게 연관된다. 고난은 기도의 토판(土版, 글자를 쓸 수 있도록 흙으로 만든 판)이 되고 지혜는 기도의 내용이 되기 때문이다. 기도는 모든 능력과 생명이 지나는 강력한 통로이다.

　나는 어렸을 때부터 체력이 약한 편은 아니었지만, 남자들이 좋아하는 격투기 운동을 해본 적은 없었다. 그러다가 군대에서 특공대로 뽑히면서 특공무술과 태권도를 반드시 익혀야만 했다. 특공무술은 나름대로 빨리 익혔으나 태권도는 생각만큼 쉽지 않았다. 군 생활 중 무려 1년을 태권도 단증 하나 때문에 고생한 것을 생각하면 아직도 몸서리가 난다. 수많은 밤을 다리 찢기와 발차기로 보내야 했다. 입대 후 1년이 지나 상병이 될 때까지 단증 심사가 세 번 있었는데, 처음에는 준비가 전혀 되어있지 않아서 시작하자마자 떨어졌고, 두 번째는 훈련 중이라 기회를 놓쳤다. 그리고 세 번째 심사는 상병 진급을 하루 앞둔 날에 있었다. 부대에서는 상병이 될 때까지 단증을 따지 못하면 군인 취급을 받지 못했다. 보통 검도나 유도와 같은 무술 유단자들이 우리 부대에 뽑혀 왔기 때문에 나처럼 단증 없는 군인은 '병신 취급'을 받았다. 하지만 나에게는 기도가 있었다. 동료들이 무술 유단자들이라면, 기도만큼은 내가 검은 띠라고 자부했다.

그런데 단증 심사를 앞두고 문제가 생겼다. 당시에 나는 한 달 이상 다른 부대에서 위탁 훈련을 받고 있었기 때문에 태권도 연습을 거의 하지 못한 상태였다. 먼저는 심사를 보기 위해 자대에 다녀오도록 허락을 받는 게 첫 번째 관문이었고, 다음으로는 발차기 자세를 며칠 만에 완성해야만 했다. 두 가지 다 쉬운 일이 아니었다.

그래서 나는 기도했다. "주님, 저 때문에 당신의 영광이 가려지지 않기를 바랍니다." 주일마다 예배를 드리러 가면, 태권도 단증도 못 따는 주제에 어디서 교회를 가냐고 선임병들은 공격했고, 단증 하나도 못 따게 해주시냐며 하나님을 욕했기 때문이다.

나의 간절한 기도에 하나님은 응답하셨다. 먼저 기적적으로 위탁 훈련소에서 자대로 돌아가 심사를 받을 수 있도록 허락을 받았다. 그렇게 하려면 위탁 훈련소에서 하루 훈련을 면제받아야 하는데, 그때까지 그런 일은 없었다고 들었다. 하지만 하나님은 그 일을 가능하게 해주셨다. 이제 남은 과제는 발차기였다. 발차기에서 불합격하면 기본 품세인 태극 1장도 해볼 기회가 없고, 격파나 대련까지 갈 수도 없었다. 나는 밤마다 피나는 연습을 했다. 그 결과 자세가 많이 좋아졌다. 하지만 뒤돌아 옆차기만큼은 아무리 해도 제자리였다.

어느덧 심사 전날이 되었다. 저녁 9시, 나는 하얀 도복을 빨아서 난방되는 바닥에 널어놓고, 속옷 차림으로 시멘트 바닥에 무릎을 꿇었다. 고난의 땅에서 지혜의 빛이 비추는 곳은 기도의 자리뿐이었다.

"주님, 저를 긍휼히 여겨주십시오. 제가 그리스도인이라는 것을 모두 알고 있습니다. 그리고 내일모레면 상병이 됩니다. 단증이 없는 것은 상관없지만 그것으로 하나님 영광이 가려지지 않기를 바랍니다. 주님, 저를 도와주십시오."

아직도 그 차가운 시멘트 바닥이 느껴진다. 간절한 기도가 끝나고 무릎에 알알이 박혀 있던 작은 돌들을 아직도 잊을 수 없다. 돌아보면 그때처럼 간절하게 기도한 적도 없었다. 정말 하나님만을 바란다는 것이 무엇인지 그때 느꼈다. 그때를 회상하면 '예수님도 겟세마네에서 이렇게 기도하지 않으셨을까?'라는 생각이 든다. 얼마나 간절히 기도했던지 기도를 마치고 자리에서 일어나니 무릎과 정강이가 퍼렇게 멍들어 있었다. 그날 밤, 나는 주님이 주신 평안으로 단잠을 잤다.

단증 심사 날 아침, 300명 정도 되는 군인들이 심사를 받기 위해 자대로 모였다. 5월이었지만, 미시령의 칼바람은 살점을 도려내는 듯했고, 얇은 도복 하나만 걸친 나는 추위에 덜덜 떨었다. 몸이 떨리니 마음마저 얼어붙는 것 같았다. 드디어 내 차례가 되었다. 나는 절대 실수하면 안 된다는 굳은 마음으로 앞차기, 옆차기, 돌려차기 그리고 문제의 뒤돌아옆차기를 했다. 그런데 계속 흐뭇하게 나를 바라보던 심사관이 내가 뒤돌아옆차기를 마치자마자 인상을 찌푸리면서 말했다.

"야, 너 다시 해봐!"

나는 정신을 번쩍 차리고 다시 동작을 취했다. 솔직히 내가 생각해도 마음에 들지 않았다.

"한 번 더!"

나는 최선을 다해 한 번 더 찼지만, 심사관은 영 마음에 들지 않는다는 표정으로 한 마디 했다.

"부대에 돌아가면 더 열심히 연습해!"

심사관이 이런저런 말을 하면 거의 떨어진 것이나 다름없음을 알고 있었다. 나는 풀이 죽은 채로 자리에 앉았다. 기도가 온전한 문장이 되지 못하고 그저 "주여!"만 속으로 외치고 있었다.

모든 심사가 끝나고, 발차기 합격자를 발표하는 순간이 왔다. 사실 1단 심사에서 발차기만 합격하면, 나머지는 거의 합격인 셈이다. 심사관은 300명이 모인 자리에서 이름을 한 명씩 불렀다. 자기 이름이 호명되자 앞산이 떠나갈 만큼 큰 소리로 관등성명을 대면서 한 명씩 일어났다. 그들이 얼마나 부럽던지…. 그렇게 50명이 호명되었다. 나머지는 목을 빼고 기다리다가 끝내 자기 이름이 불리지 않자 낙심한 표정이었다. 심지어 우는 군인도 있었다. 애석하지만 내 이름도 불리지 않았다.

그때였다. 심사관의 입에서 뜻밖의 말이 나왔다.

"방금 호명한 50명 빼고 나머지 다 합격!"

그동안 일그러져 있던 얼굴들이 단숨에 다리미판처럼 쫙 펴졌다.

'할렐루야! 주님, 감사합니다!'

그렇게 군 생활 1년 만에 드디어 단증을 땄다. 요즘도 아들에게 "아빠는 태권도 검은 띠야"라고 하면 아이는 존경스러운 눈으로 나를 바라본다. 하지만 나는 안다. 그 단증은 내 힘으로 딴 것이 아니라 실력도 안 되는 나에게 하나님께서 선물로 주신 것임을.

더 놀라운 기적은 바로 그 단증을 딴 다음 날 이루어졌다. 교회에 다닌다는 이유로 나를 무지하게 괴롭히던 한 선임병이 내가 단증을 딴 그날 이후 자유롭게 교회에 나가게 해주었고 남은 군 생활 동안 나를 전혀 괴롭히지 않았다는 점이다.

그 선임병은 "기도하는 놈에게 일어나는 특별한 일을 보았다"라고 말했다. 그날, 나는 단증만 딴 것이 아니라 313년의 밀라노 칙령과 같은 자유를 얻었다.

지금도 기도와 관련된 책을 매년 한 권 이상 읽고 있고 《기도를 시작하는 당신에게》(좋은씨앗, 2016)라는 책도 썼지만, 기도는 역시 책으로 배우는 것이 아니라 무릎과 눈물로 알아가는 것임을 고백한다. 다시 말해, 기도는 고난과 지혜의 문제이지 취미와 지식의 문제가 아니다.

그런데 문제가 하나 있다. 성도들은 일반적으로 평안할 때는 기도를 열심히 하지 않는다(물론 그렇게 하시는, 정말 존경할 만한 분들도 있다). 대부분 고난을 만나야만 기도한다. 성도들의 기도를 원하시는 하나님께서 어떻게 하시겠는가? 기도 안 하는 성도를 기도하게 만들기 위해 불가피하게 고난을 주신다. 그러므로 고난은 선물이고 축복이다. 고난은 우리에게 기도하도록 만드는 하나님의 선물이요 축복인 것이다.

아울러 우리는 깊은 기도를 통해 하나님의 지혜를 얻는다 (이렇게 해서 고난, 지혜, 기도가 하나로 이어진다). 기도만큼 우리 눈을 하나님께로 향하게 하고 그분을 경외하게 하는 강력한 수단이 많지 않다. 기도에는 회개, 고백, 원망, 간구, 탄원, 찬양, 소망까지 수많은 내용이 포함된다.

이 글을 쓰는 요즘, 나는 매일 밤 히브리어 성경으로 시편을 몇 편씩 읽고 잔다. 이전에는 몰랐던 감정과 느낌이 전해져 오면서 '시편을 쓴 저자는 어떤 상황과 아픔에서 이 기도를 시작했을까?' 하는 생각에 눈물짓곤 한다. 흥미로운 점은 극심한 고통과 아픔에 대한 호소나 탄원으로 시편이 시작되다가 어느 순간이 되면 갑자기 찬양과 감사와 기대로 바뀐다는 사실이다 (지금 당장 시편 아무 곳이나 읽어보라).

어떻게 이런 갑작스러운 전환이 이루어질 수 있을까? 분명히 그 사이에 기도가 있었기 때문이다. 도르래가 힘의 방향을 바꾸어놓듯 기도가 중간에서 고난을 찬양으로 바꾼 것이다. 시편이라는 기도의 흐름이 그런 위대한 일을 한다. 기도를 통해 자기 아픔을 고백하던 중에 하늘의 지혜를 얻게 되고, 하나님의 지혜를 본 사람들은 찬양할 수밖에 없었던 것이다. 그래서 나는 주석만으로는 시편을 제대로 이해할 수 없다고 생각한다(물론 모든 성경이 그렇다). 고난 속에서 시편에 적힌 내용대로 기도하면서 직접 체득해 가는 것이 최선이라고 믿는다.

야고보는 기도에 대한 강력한 도전 메시지를 자신의 짧은 편지인 야고보서에 가득 채웠다. 지혜를 구하라고 하며(1:5), 때로는 구하지 않는 삶, 즉 기도가 없는 삶을 꾸짖기도 한다(4:2). 또 정욕으로 쓰려고 구하는 잘못된 기도(4:3)를 역전시켜 병든 자와 고통 속에 있는 성도들을 위해 서로 중보하라고 도전한다. 그것이 바로 믿음의 기도다(5:15). 부한 자들과 세상에 물든 사람들에게 강력한 회개의 기도와 그에 합당한 삶의 변화를 도전하며(5:1), 끈질기고 지속해서 기도하도록 기도를 독려한다.

야고보서에 등장하는 특별 손님이 있는데 바로 엘리야다. 야고보는 여기서 우리에게 용기를 주는 표현을 하나 쓴다. 엘리야가 "우리와 마찬가지로 감정과 혈기를 지닌 사람"(5:17)이라는 것이다. 엘리야도 우리와 크게 다를 바 없는 피와 살을 가진 존재라는 말이다.

그럼 그의 무엇이 우리와 다르게 했는가? 그의 막강한 신체 능력이나 비상한 지성 혹은 범접하기 힘든 도덕성 때문이었다면 우리는 낙망했을 것이다. 하지만 오직 기도였다. 그렇다면 해볼 만하다. 엘리야는 기도했을 뿐이다. 우리도 기도할 수 있다.

　이스라엘의 지반은 주로 석회암 지대여서 물을 저장할 수 있는 땅이 아니다. 그래서 한 철이라도 비가 내리지 않으면 농사도 지을 수 없고 사람이 살 수 없다. 비는 사람이 어떻게 할 수 있는 것이 아니라는 말이다. 비가 오고 안 오는 것은 오직 하나님께 달렸다. 그런데 엘리야의 기도가 전적으로 하나님의 주권에 달린 비를 내리게도 하고 멈추게도 했다. 그것도 3년 6개월이라는 긴 기간 동안 말이다. 이는 실로 놀라운 일이다!

　믿음의 기도는 병든 자를 구원(치유)한다. 심지어 죄 가운데 있는 사람이라도 하나님께서 회복시켜 주신다. 의인의 간구는 역사하는 힘이 정말 크다(5:13-18). 다시 한번 말하지만, 기도가 무엇인지에 대해 현학적인 논쟁과 연구보다 더 중요한 것은 무릎 꿇고 그분 앞에 나가 아뢰는 일이다.

　문제는 우리가 지독하게 기도하지 않는 데 있다. 기도의 가장 큰 방해물은 상황이나 환경이 아니라 바로 '기도하지 않는 것'이다. 성급한 일반화일지도 모르겠지만 오늘날 그리스도인은 기도를 정말 안 한다. 해야 할 다른 일이 많아 그런지는 모르겠지만, 기도하지 않는 목회자도 많다. 왜 그럴까? 나는 그 이유를 야고보서를 읽으면서 깨달았다. 그들에게 고난이 없고, 지혜가 없기 때문이다.

나도 기도하고 있다고 하는 사람도 많을 것이다. 하지만 내 말은 많은 그리스도인이 '지속해서 충분하게' 기도하지 않는다는 뜻이다. 인내라는 희생이 절절히 녹아든 진짜 기도가 사라지고 있다. 엘리야가 일곱 번이나 무릎 사이에 머리를 넣고 하던 기도, 그런 기도가 없다는 말이다. 즉, 비가 내릴 때까지 기도하지 않는다는 말이다.

내 경험상 '오늘은 정말 기도하기 싫다'라는 생각이 든다면, 그런 날이야말로 가장 기도해야만 하는 때다. 그래서 나는 내 책상 앞에 이런 글을 붙여두었다. 어떤 기도 선배의 말씀인데, 볼 때마다 도전을 받는다.

> 규칙적으로 기도하려면 어느 정도 희생을 각오해야 하지만, 기도하지 않으면 엄청난 희생을 각오해야 한다.

자, 이제 고난과 지혜로 연결되는 기도는 결국 인내라는 방향으로 나아간다. 네 번째 큰 그림을 살펴보자.

네 번째 적용

말씀을 삶으로 살아내기

1. 당신은 하루에 얼마나 기도하는가? 모든 일을 시작하고 마무리할 때 기도가 습관이 되어있는가? 특히 하나님의 큰 그림을 알아가고 자신의 변화를 가져오게 하는 구체적인 기도 제목이 있는가?

2. 기도를 잘하는 방법은 기도하는 것이다. 기도는 책으로 공부로 생각으로 하는 것이 아니라 무릎으로 하는 것이다. 그런데 우리의 강력한 기도 의지를 방해하는 것들이 있다. 이를 어떻게 해결해야 할까?

3. 기도에 집중하려면 반드시 구체적인 장소와 시간이 필요하다. 지금 바로 기도 시간과 장소를 결정하고 기도하자. 기도의 동역자들을 모으고 기도 노트도 준비하자. 무엇보다 기도를 시작하자!

5. 큰 그림 4
한 방향의 오랜 순종

다만 기도할 때 조금도 의심하지 말고 믿음으로만 구하십시오.
의심하는 기도는 바람에 요동하는 바다 물결처럼
불안정한 상태로 우리를 내몹니다.
생각해보십시오. 누가 흔들리는 기초 위에 물건을 담아 놓겠습니까?
하나님도 흔들리는 믿음을 가진 사람 위에
어떤 기도 응답도 담아 놓으실 수 없습니다.
더 심하게 말해, 믿음이 흔들리는 불안정한 사람은
이중 첩자 같은 사람이라서 사람에게도 하나님께도
신뢰받을 수 없어 그 어떤 가치 있는 것도 얻을 수 없습니다.

야고보서 1:6-8, MPT

군 생활을 모두 마치고 무사히 전역한 뒤 나는 어머니의 권유로 산본에 있는 한 교회에서 신앙생활을 시작했다. 어느 정도 규모가 있는 감리교회였다. 어머니는 내가 복학하기 전까지 그 교회 목사님의 말씀을 들으면 도움이 많이 될 것 같다고 하셨고, 나는 어머니의 뜻에 순종했다. 나는 그 교회를 열심히 다녔다. 주변에서 목소리가 좋다는 말을 들어 왔던 터라 성가대에서 봉사도 하게 되었다.
    그러던 어느 날, 성가대를 인도하시는 장로님이 내게 부탁하셨다.
    "강산 형제, 성가대 피스 부장을 맡아보지 않겠나?"

'피스'란 성가대원이 찬양할 때 악보를 끼워 보는 플라스틱 파일을 말한다. 즉, 피스 부장은 성가대 악보 관리를 책임지는 일이다. 부장이라기에 밑에 차장도 있고 대리도 있는 줄 알았는데, 나만의 착각이었다. 그냥 나 혼자 부장이자 부원이었다. 영광스러운(?) 피스 부장이 된 뒤에 내가 할 일은 70여 명이나 되는 성가대원의 악보를 복사하고 그들의 피스를 관리하는 것이었다.

　당시 교회에서 쓰는 복사기가 그리 좋은 수준이 아니어서 70여 명이 사용하는 악보를 다 복사하려면 족히 네다섯 시간은 움직여야 했다. 그리고 왜 그렇게 악보를 잃어버리는 사람은 많은지, 같은 곡을 수도 없이 다시 복사해야 했다. 또한, 성가대 연습이 끝나면 대다수 성가대원이 가운을 아무 데나 던지고 가버렸다. 그래서 성가대실 앞 옷장에는 언제나 60여 벌의 가운이 널브러져 있었다(그래도 10명 정도는 옷걸이에 걸고 갔다). 사람들 앞에 선 모습은 멋있지만, 뒤에 남겨진 옷은 소위 말하는 '봉사의 실체'를 보여주었다. 하나님은 주일 오전 예배의 찬양 시간뿐만 아니라, 주일 오후 성가대실 옷장 앞에도 계시는데 말이다. 결국, 나는 그 옷까지 정리해야 했다. 워낙 능력이 많다 보니(?) 피스 부장에 이어 '가운 부장'까지 겸직하게 되었다.

7월에 전역한 후, 12월까지 나는 주일마다 성가대원 70여 명의 악보를 복사하고 테너 파트에서 찬양을 한 후, 오후에는 그들이 벗어 두고 간 가운을 정리했다. 가끔 나를 도와주는 대원도 있었지만, 대다수는 그 일이 원래 내가 해야 할 일인 것처럼 묵인했다.

불과 몇 달 전까지만 해도 특공대 병장이었는데, 사회로 나오자마자 새롭게 이등병 생활을 하게 된 것이다. 솔직히 말해서 그 일 때문에 속상하지는 않았다. 기쁜 마음으로 하지 못할 때도 있었지만, 이것이 내 일이라고 생각하니 한 주도 거르지 않고 불평하지도 않았다. 나는 애굽으로 끌려간 요셉을 생각하고, 수도원에서 허드렛일을 하면서 주님을 만난 《하나님의 임재 연습》의 주인공 로렌스 형제를 생각했다. 그리고 예수님을 생각하며 6개월을 섬겼다.

그러던 어느 날, 담임 목사님이 나를 보고 싶어 하신다는 이야기를 들었다. 그래서 나는 깔끔하게 차려입고 당회장실로 찾아갔다. 목사님은 거대한 체구에 큰 목소리 그리고 몸무게만큼 카리스마가 철철 흘러넘치는 분이셨다. 목사님은 이미 내가 누구인지 잘 알고 계셨고, 내가 엉덩이를 소파에 붙이기도 전에 짧고 명료하게 말씀하셨다.

"내년부터 우리 교회 주일학교 전도사 해라. 학비는 전액

지원하고, 도서비도 일부 후원할게."

목사님은 더 길게 말씀하지 않으셨다. 내 의사는 묻지 않고, 마치 야고보서의 화자처럼 일방적으로 명령하셨다. 그런데 참 감사했다. 가난하던 신학교 시절이라 거절할 이유는 전혀 없었다. 며칠이 지나서야, 나는 성가대 지휘를 하시는 장로님께서 나를 담임 목사님께 추천했다는 사실을 알게 되었다. 그 교회에는 유치부, 유년부, 초등부까지 약 100명에 달하는 학생이 있었다. 그러므로 주일학교 전도사는 무척 중요한 자리였다. 그런데 담임 목사님은 나에게 신앙 고백이나 이력서, 그 외 다른 어떤 것도 요구하지 않으셨다. 그냥 지난 6개월간 피스부장을 맡아 일한 모습, 그것으로 믿어주신 것이다. 더 놀라운 사실은 당시 나는 감리교단이 아니라 성결교단 신학생이었으며, 교회에는 이미 감리교신학대학교를 다니는 신학생들이 있었고, 장로님 자제 중에서도 전도사감으로 추천될 만한 사람이 있었다는 것이었다.

이렇게 해서 나의 첫 사역지는 성결교단이 아니라 감리교단 소속 교회가 되었다. 그리고 대학교 4년을 졸업할 때까지 담임 목사님은 나의 학비와 생활에 큰 도움을 주셨다. 훗날 내가 전도사 자리를 내려놓을 때 감리교단에 남아 있으라고 몇 번이나 부탁하기도 하셨다. 원래 내가 가야 할 성결교단으로 떠나기 전, 마지막으로 인사드릴 때 무척 아쉬워하시던 목사님의 얼굴이 눈에 선하다. 이후 나는 지금까지 새 사역지로 옮기면서 단 한 번도 이력서를 제출한 적이 없다. 항상 이전 교회의 사역 결과와 담임목사님의 소개장이 어떤 이력서보다 강력한 추천장이 되었기 때문이다.

짧은 시간, 정해진 시간 동안만 열심히 하는 것은 누구에게나 어려운 일은 아닐 것이다. 문제는 얼마나 길게 할 수 있느냐이다. 유진 피터슨의 책 제목(《한 길 가는 순례자》, 원제 "A Long Obedience in the Same Direction")처럼 같은 방향으로 오랫동안 순종하는 것이 중요하다.

이따금 기회가 되어 신학교를 졸업한 제자들에게 헬라어나 히브리어를 다시 가르치다 보면, 자주 이런 말을 한다. "다 잊어버렸네요. 학교 다닐 때는 헬라어, 히브리어 공부를 참 열심히 했는데…." 언어라는 것은 지속해서 훈련해야 실력이 늘고, 어떤 단계를 넘어서서 익숙해져야만 제대로 사용할 수 있다. 따라서 언어를 배우려면 충분한 시간을 꾸준히 성실하게 투자해야 한다. 언어는 이해하는 것이 아니고 익숙해지는 것이기 때문이다. 그래서 과거에 열심히 했는데 지금은 아무것도 모르겠다는 말은 자신에게 주어진 시간을 성실하게 보내지 않았다는 말과 같다.

대가 없이 얻을 수 있는 것은 없다. 유명한 속담처럼 로마는 하루아침에 세워지지 않았고, 한 분야 전문가가 되려면 최소한 1만 시간을 채워야 한다. 즉, 인내와 참음을 통해 진짜가 완성되어 간다. 그래서 대충대충 한 것은 하지 않은 것과 별 차이가 없다. 99퍼센트의 순종이 100퍼센트의 불순종이 될 때가 얼마나 많은가? 여기에 핵심적으로 요구되는 것이 인내이며, 인내한다는 말은 곧 신실하다는 의미로도 통한다.

성경에서 가장 중요한 단어를 몇 가지 꼽는다면 '믿음'이 꼭 들어갈 것이다. 사람들은 종종 '믿음 좋다'라는 말을 한다. 도대체 '믿음 좋다'라는 말이 무슨 뜻일까? 대단한 믿음이란 과연 어떻게 한다는 것일까? 헬라어로 '믿음'은 '피스티스'이고, 영어로는 '페이스'Faith이다. 이 단어에 '가득'full이 더해진 표현이 바로 '신실함'faithful이다(헬라어도 마찬가지다). 다시 말해, 믿음이 좋다는 말은 믿음이 길게 간다, 즉 신실하다는 말이다. 야고보가 말하는 믿음이 바로 이것이다.

히브리어 성경에서 무척 많이 나오는 단어 중 하나가 '헤세드'인데, 우리말로 '인자, 하나님의 사랑'으로 번역되는 이 단어의 정확한 의미를 말하기는 쉽지 않으나, 분명하게 말할 수 있는 것 하나는 "하나님의 신실한 언약적 사랑"이다.

이처럼 믿음과 신실함은 언어적으로도 같은 그룹에 속한

다. 그래서 야고보는 기도할 때 조금도 의심하지 말고 믿음으로만 구하라고 한다(1:6). 의심은 단순히 한 번의 믿음 없음이 아니요, 신실함이 오래도록 지속하지 않는 상태인 것이다. 그러므로 우리가 지속해서 기다리고 기도할 수 있음은 믿음이 '충분히' 그리고 '신실하게' 있다는 증거가 된다.

헬라어 동사에는 과거 시제 중 '미완료 시제'가 있는데, 이것은 '단순 과거'라는 비슷한 과거 시제와 달리 한 번 반복하고 끝난 것이 아니라 지속적인 반복의 의미가 있다(물론 다른 의미도 있다). 그러니까 야고보는 우리에게 한 번 하고 끝나는 단순 과거 시제의 삶이 아니라 미완료 시제의 삶을 살라고 도전하고 있다. 끝까지 성실하게 충성되게 하나님을 향한 관계를 이어가라는 말이다. 그것이 진짜 믿음이라고 말이다.

더 나아가, 오랫동안 성경 말씀을 묵상하다 보니 믿음과 신실함은 신의 성품이요, 조급함과 일시적인 태도는 세상의 특징, 곧 성화 되지 못한 자아의 전형적인 특징임을 알게 되었다. 다시 말해, 조급하고 성급하게 말하고 결정하고 후회하고 또다시 반복하는 것들은 사탄이 좋아하는 것이고, 믿음의 좁은 길을 꾸준히 성실하게 섬기고 기도하며 소망하는 것은 하늘의 능력이고 하나님의 역사다. 그래서 세상을 따라가는 가짜 그리스도인에게는 성실함을 찾기 힘들고, 하나님을 따라가는 진짜 그리스도인에게는 성실함이 철저하게 녹아 있다. 그리고 그 신실함에 인내는 필수인 것이다.

    신실함이 흔들리는 시점이 언제일까? 몸이 아프거나, 재정이 어렵거나, 관계의 고통으로 신앙이 흔들릴 때다. 그때 필요한 것이 바로 인내다! 하나님의 사랑 속에 면면히 흐르고, 예수님의 희생 속에 마지막까지 담겨 있으며, 성령님의 은혜 속에서 끝없이 부어지는 바로 그 인내 말이다. 그러므로 진짜 그리스도인의 삶에는 인내가 DNA처럼 녹아 들어가서 믿음이 된다. 인내가 더 큰 인내를 낳고 믿음이 더 큰 믿음을 낳는다.

    인내를 통해 성숙해진 신실함은 고난이라는 상황 속에서 지혜와 기도를 통해 하나님께 나아가게 하여 우리 인생을 통해 하나님께서 하시려는 큰 그림, 그 목적을 온전히 이루게 한다. 그래서 믿음의 시련은 인내를 만들고(1:3), 지속적인 간구와 기도는 반드시 아름다운 결과를 낳는다(1:5).

    슬프게도 이 시대를 살아가는 대부분 사람은 너무나 조급하다. 그래서 믿음의 핵심 가치인 신실함이 자리 잡을 공간이 없다. 인터넷과 스마트폰으로 점철된 이 시대는 한 통의 편지를 쓴 다음에 그 답장을 기다리는 여유를 잃어버린 지 오래다. 클릭하고 바로 창이 열리지 않으면 화가 나는 시대가 되었다. 수천 번 때리고 담금질해서 날카로운 칼을 만드는 영적 장인

정신 역시 사라져버렸다. 6개월 만에 목사 안수를 주는 곳이 생기고 단기 속성반으로 성경을 정복하려고 한다. 토요일 밤에 설교를 준비하려고 앉아 인터넷에 돌아다니는 갖가지 정보로 주일 설교를 작성한다.

그런 인스턴트식 종교 생활에서 어떻게 하나님의 위대한 일이 일어날 수 있겠는가? 그래서 야고보는 조급해하고 일시적인 가치를 좇는 사람들에게 일침을 가한다. "의심하는 기도는 바람에 요동하는 바다 물결처럼 불안정한 상태로 우리를 내몹니다. 생각해보십시오. 누가 흔들리는 기초 위에 물건을 담아 놓겠습니까?"(1:6-8). 결국, 이런 사람의 말은 조급해지고(3장), 잠깐 있다 사라질 외모에 집착하며 허탄한 것을 자랑하고(2장), 남들을 비방하며 판단하는 사람이 된다(4:11-12).

변화가 없는 성도에게는 한결같은 특징이 있다. 고난을 견디는 인내가 부족하고, 신실하게 신앙생활을 하는 태도가 잡혀 있지 않다. 그들은 예배, 기도, 말씀, 훈련 그리고 증인의 삶(전도)을 지속하지 않는다. 환경과 상황이 바뀌면 언제든지 믿음을 버리고, 나중에 핑계를 댄다. 조금 더 강하게 말하자면, 신실하지 않은 믿음은 믿음이 아니며 인내를 통과하지 않는 신앙은 신앙이 아니다.

석탄과 다이아몬드는 둘 다 탄소로 이루어져 있지만, 바로 밀도에서 차이가 난다. 영적으로 말하면 '누가 얼마나 지속해서 인내했는가?'에 있다. 인내는 작은 씨앗 같지만, 그 열매는 실로 위대하다. 실제로 교회에서는 신실한 성도 한 명이 천 명의 불성실한 성도보다 더 귀한 역할을 담당한다. 그들에게는 하나님의 능력과 비밀이 있고 변화와 성장을 넘어 위대한 감격이 있다.

예수님을 믿기로 고백했다면 예배에 늦거나 빠지지 말고, 날마다 성경을 읽고 항상 기도해야 한다. 기회가 있을 때마다 전도하고 지난해보다 더 성장하도록 자기 몸을 쳐서 복종하며 한번 시작한 일을 끝까지 해나가야 한다. 그렇지 않으면 누구에게도 아무 변화가 없을 것이며, 바로 그런 사람 때문에 교회와 하나님이 욕을 먹는다.

그래서 야고보는 또다시 롤모델을 제시한다. 얼마나 중요한지 농부, 선지자들 그리고 욥 등 여러 사람이 등장한다(5:7, 5:10-11). 이들은 모두 인내를 삶으로 살아낸 위대한 사람들이다. 농부는 씨를 뿌리고 추수를 기다리며, 선지자들은 주의 신원 즉, '공의로운 갚아주심'을 바라보며 하나님의 메시지를 근실하게 선포한다. 이를 위해 목숨을 내놓아야 할 때도 있다. 그들 중 최고는 욥이다. 야고보는 42장이나 되는 욥기의 신학적인 내용을 다 언급할 수 없었다. 야고보가 보는 것은 하나였다.

그가 하나님을 철저히 신뢰하며 끝까지 참고 견뎠다는 부분이다. 불평하더라도 말이다.

우리가 하나님에 대해 얼마나 잘 알겠는가? 설령 다 안다고 해서 그분이 원하는 대로 살 수 있는 것도 아니다. 우리는 하나님을 지식적으로 아는 것이 아니라, 믿음으로 알아야 한다. 우리는 철저한 신뢰와 기대를 갖고, 하나님께서 이끄시는 삶이 열매를 맺을 때까지 참고 견디면서 믿음의 분량을 채워야 한다. 그럴 때 우리는 그분을 닮고 그분의 뜻이 이루어지며 하나님 나라가 임하는 것을 보게 된다. 그렇다! 그분의 나라가 종국적으로 임할 시간이 다가오고 있다. 그러니 우리는 오래 참고 마음을 굳게 해야 한다. 주님의 나라와 그분의 시간이 가깝기 때문이다(5:8).

이제 고난, 지혜, 기도 그리고 인내라는 큰 그림을 아우르는 마음으로 내 이야기를 소개하며 이번 장을 마치고자 한다. 나는 고등학교 2학년 때부터 큰 기도 제목을 가지고 꾸준히 기도해왔다. 바로 아내를 위한 기도였다. 뒤에서 나누겠지만, 나는 부모님의 이혼이라는 큰 상처를 겪었다. 그것도 목회자 가정에서 말이다. 그리고 부모님이 이혼이라는 마침표를 찍기 전까지 지났던 지독한 쉼표들은 다 나눌 수 없을 만큼 고통스러웠다. 그런 부모 밑에서 성장한 나는 결혼에 대한 두려움과 염려 그리고 거부감이 컸다. 그러므로 나의 결혼을 위해 그 어떤 것보다 많은 시간을 투자하여 기도했다.

나의 기도 제목을 모두 소개할 수는 없지만, 그중 특별한 것을 꼽자면 동갑과 결혼해서는 안 된다는 것과 서른이 되기 전에 꼭 결혼했으면 좋겠다는 것이 있었다. 우리 부모님이 동갑이어서 자주 다투는 것을 보았기 때문이고, 서른 전에 결혼하려는 이유는 결혼 사진은 예쁘게 나왔으면 하는 바람이 있었기 때문이다.

세월이 흘러 어느덧 28살이 되었다. 기도는 계속했지만, 세상 시각으로 볼 때 나는 어느 것 하나 내세우지 못할 조건이었다. 나의 가난과 상처와 어려운 삶의 현장에 보통 여인은 들어올 수 없었기에 날마다 주님께 지혜를 구하며 성실하게 기도했다. 그리고 소망을 품었다.

당시 대학원에 입학하면서 특별한 배려를 해주셨던 목사님이 속한 감리교회를 떠나 성결교단의 한 교회에서 사역하게 되었다. 학부 시절 섬겼던 감리교회보다 훨씬 더 규모가 커서 자매들도 많았다. 나는 고등부 전도사를 하면서 동시에 찬양단 리더를 맡았다. 그런데 거기에 예쁜 자매가 있었다(물론 지금도 여전히 예쁘다!). 나는 그 자매에게 마음이 끌렸다. 문제는 그녀가 동갑일 뿐만 아니라 동성동본이라는 것이었다. 나의 기도

제목과 맞지 않았다. 하지만 하나님은 내게 자꾸만 그 자매에 대한 마음을 주셨다. 그래서 이 상황에 대해 지혜를 구했다. 그때 교회에서 받는 한 달 사례비는 50만 원에 불과했으며, 대학원까지 다니고 있었다. 당시에도 결혼하여 집까지 구하려면 아무리 못해도 수백만 원은 있어야 했으니, 나는 모든 면에서 결혼할 만한 상황이 전혀 아니었다. 하지만 나는 끈질기게 기도했다. 내 인생은 오래전부터 나의 것이 아니라 하나님의 것이었기 때문이다. "주님, 저에게 지혜를 주십시오. 제가 할 수 있는 길을 열어주십시오. 어떤 결과가 나오든지 모든 것을 주님께 맡깁니다."

무엇보다 이 자매가 하나님께서 배우자로 준비한 사람인지, 감정이 더 커지기 전에 응답받고 싶었다. 그래서 하루 금식 기도를 마친 뒤 용기를 내어 자매에게 메일을 보냈다. 내용은 간단했다.

"앞으로 일주일 뒤에 5월 1일, 노동절이 있습니다. 그날 시간이 되시면 결혼을 전제로 하고 자매님과 데이트를 하고 싶습니다."

하지만 답장은 더 간단했다.

"공적인 것이라면 예스, 사적인 것이라면 노."

나는 공적인 것이 아니라 사적인 것이었기에 분명 길이 막

했다고 생각했다. 그래도 답장해준 것에 감사했다. 아예 외면하는 것보다는 이렇게 거절당하는 것이 나았기 때문이다. 또한, 하나님께서 나에게 하신 모든 일이 선하다고 믿었다. 빨리 작은 감정을 접고 하나님의 큰 인도하심을 기대하고자 했다.

그런데 그 거절의 메일을 받은 지 6일이 지난 뒤, 놀랍게도 그녀에게서 두 번째 메일이 왔다. 내용은 더 놀라웠다. 데이트하고 싶다는 것이었다. 결혼을 전제로 말이다. 사실 하나님께서 어떻게 하셨는지는 아직도 신비로 남아 있다. 다만, 확실한 것은 하나님께서 이 확고한 자매의 마음을 일주일 만에 바꾸어주셨다는 점이다.

중요한 것은 끈질긴 기도를 통해 내가 원하는 바를 얻어내는 것이 아니라 하나님이 원하시는 일이 이루어지는 일이다. 적당히 기도하지 말고 충분히 기도하라! 그리고 나머지는 하나님께 맡겨라. 내 문제가 하나님의 문제가 되게 하라! 왜 내 인생인 양 고민하고 조급해하며 걱정하는가? 주님을 내 인생에 모신 이후부터 내 인생은 내 것이 아니라, 그분의 것이 되었다. 그분이 걱정하셔야 한다. 그분이 내가 먹을 것, 입을 것을 걱정하시고, 배우자와 자녀를 걱정하시고, 나의 인생과 미래를 책임지셔야 한다. 다소 과격하게 들릴지 모르지만, 내 믿음은 그렇다. 그리고 이 믿음은 지금까지 기적을 경험하고 위대한 일을 목도하는 실제적인 역사로 여러 번 증명되었다.

어쨌든 우리는 그렇게 첫 번째 데이트를 했고, 이후 계속 만났다. 그리고 서른 살이 되기 두 달 전인 2002년 11월에 나는 그녀와 결혼했다.

결혼 후 놀라운 사실을 발견했다. 아내의 모습에서 내가 고등학생 때부터 해왔던 많은 기도 제목이 대다수 발견된 것이다. 나의 아내는 성실하고 지혜로우며, 부족한 나를 존경하는 참 아름다운 사람이다. 지난 17년간의 결혼 생활 속에 마음 아프고 힘든 일이 참 많았지만, 아내는 언제나 나를 믿어주며 응원했다. 아내가 없었다면 지금의 나도 없었을 것이다. 그래서 아내에게 늘 감사하는 마음으로 살아가고 있다. 그래서 고마운 마음을 담아, 얼마 전 출간된 《말씀 앞에 선 당신에게》를 아내에게 헌정했다.

다시 말하지만, 하나님은 큰 그림을 그리시는 분이시다. 그리고 그 큰 그림은 기도하는 사람, 신실하게 믿는 사람을 통해 더 커진다. 그러므로 우리가 할 일은 그분을 믿고 기도하며 기다리고 찬양하는 것뿐이다. 1장 5-8절을 다시 읽어보자.

> 하지만 여러분 중에 그 과정에서 당하는 여러 고난을 이겨 낼 힘과 지혜가 필요하다면 하나님께 기도하십시오. 그러

면 하나님께서 꾸중 한마디 하지 않으시고 풍성하게 지혜를 주실 것입니다. 다만 기도할 때 조금도 의심하지 말고 믿음으로만 구하십시오. 의심하는 기도는 바람에 요동하는 바다 물결처럼 불안정한 상태로 우리를 내몹니다. 생각해보십시오. 누가 흔들리는 기초 위에 물건을 담아 놓겠습니까? 하나님도 흔들리는 믿음을 가진 사람 위에 어떤 기도 응답도 담아 놓으실 수 없습니다. 더 심하게 말해, 믿음이 흔들리는 불안정한 사람은 이중 첩자 같은 사람이라서 사람에게도 하나님께도 신뢰받을 수 없어 그 어떤 가치 있는 것도 얻을 수 없습니다.

고난과 지혜와 기도와 인내, 이 핵심 요소들이 하나님께서 그리신 위대한 큰 그림, 곧 밑그림에 아름답게 채색되는 작품, 그것이 진짜 그리스도인의 삶이다. 지금 이 순간, 고난 속에서 지혜를 구하며 끈기 있게 기도해야 할 일이 있다면 당신은 절대 실패의 길로 가는 것이 아니다. 용기를 내어 주님의 길을 가라! 내 길을 주님의 길로 만들지 말고, 그분의 길을 내가 걸어야 할 길로 만들라. 당신이 가는 목적지로 주님을 이끌지 말고 주님께서 열어주시는 목적지가 당신의 목적지가 되게 하라. 당신이 가는 길과 목적지는 절대 다르지 않다.

고난과 지혜와 기도와 인내, 바로 이 핵심 요소가 모두 모여 적절한 자리매김을 하는 곳이 바로 진짜 그리스도인의 삶이 굳게 서 있는 '바른 자리'다. 자동차 운전석에 앉으면 핸들과 안전띠, 백미러가 준비되어 있고, 전방에 시야가 열린 것이 당연한 것처럼 그리스도인에게 이 네 요소는 기회와 특권이다. 그러므로 지금 고난이 있다면 이상하게 생각하지 말고 오히려 감사하면서 지혜를 구하며 끈기 있게 기도하자. 잘못되고 있는 것이 아니라 잘되고 있다. 이제는 앞으로 가자.

다섯 번째 적용

말씀을 삶으로 살아내기

1. 당신은 인내심이 많은 편인가? 인내심에 한계가 부딪치는 상황이 있다면 어떤 상황이고 왜 그러한가?

2. 최근에 하나님이나 사람과 약속한 것 그리고 자신에게 결단한 것 중에서 신실하게 지킨 것과 그렇지 못한 것을 점검해보라.

3. 당신은 이제 인내와 성실함이 신의 성품이며 믿음과 깊은 연관이 있다는 것을 알게 되었다. 여기서 중요한 것은 의미 있고 가치 있는 것에 성실한 것이다. 무가치한 것에 습관적으로 묶여 있는 것은 성실이 아니다. 그러므로 한평생 실천할 수 있고 하나님께 기쁨이 되며 사람에게 유익한 것으로 성실하게 해볼 만한 목표를 잡아보라. 운동이나 공부, 영적인 습관이나 나눔 등으로 구분해 잡아보라. 목표를 너무 크게 잡지 말고 작은 것부터 실천해보라. 영적 지도자에게 보여주며 기도를 부탁하고 성실히 해나간 것을 기록하라.

4. 하나님의 시각을 가지기 위해 나의 삶에 고난, 지혜, 기도 그리고 인내의 요소들을 연결한 큰 그림을 한번 그려보라. 무엇이 부족하고 어떤 부분에서 하나님의 도우심이 필요한지 점검하라. 당신은 예수님의 피로 구원받았고 성령님께서 영혼 깊은 곳에서 매 순간 기도하시는 하나님의 사랑스럽고 소중하며 위대한 인생임을 잊지 말라.

3장

진짜 그리스도인,
나는 어디로 가야 하는가?

1. 역전이라는 새로운 길

²³⁻²⁴ 누구든지 말씀을 듣고 행하지 않는다면,
거울을 통해 자기 외모를 본 후에
금방 그 모습을 잊어버리는 사람처럼 됩니다.
이는 마치 낚싯바늘을 입에 물었다가 입이 터졌는데도
또 그 낚싯바늘로 다시 입을 내미는 물고기와 다를 바가 없습니다.
²⁵ 그러나 진실로 사람을 자유롭게 하는 온전한 법칙
곧 복음을 향해 집중하고 그 가치를 삶으로 옮기는 사람은
하나님 말씀을 듣고 나서 잊거나 무관심하지 않고
오히려 삶에서 능동적인 열매를 맺는 사람으로,
이런 사람은 하는 일마다 복을 받습니다.

야고보서 1:23-25, MPT

지금까지 하나님의 사람이 진짜 그리스도인이 되기 위해 지나야 할 큰 그림을 살펴보았다. 그리고 이정표가 될 핵심적인 4가지 요소(고난, 지혜, 기도, 인내)도 모두 확인했다. 마치 존 버니언이 쓴 《천로역정》의 여정 같은 지도가 펼쳐진 것이다. 주님께서 먼저 가셨고 우리도 따라가야 할 길이다.

하지만 머리로 이해하고 눈으로 보았다고 바로 그 길을 갈 수 있는 것은 아니다. 길은 이해하는 것이 아니라 한 걸음 한 걸음 걸어야 하기 때문이다. 다리에 힘을 주고 온몸을 움직여야 한다. 머릿속에 담아 두기만 해서는 아무 일도 일어나지 않는다. 그것을 순종하고 살아낼 때 실재가 된다. 그래서 지금부터 야고보가 펼쳐 이어놓은 그 길로 가볼 것이다.

　문제는 우리가 지금부터 걸어가려는 길이 우리 상식이나 기대와는 많이 다르다는 것이다. 이 길은 가벼운 옷차림으로 누구나 쉬엄쉬엄 갈 수 있는 산책로가 아니며, 남의 차를 히치하이크해서 뒷좌석에 앉아 있으면 그냥 도착하는 무임승차의 길도 아니다. 전혀 다른 새로운 길이다. 나는 그 길을 '역전의 길'이라고 부른다. 야고보는 한 번도 '역전逆轉'이라는 단어를 쓰지 않았지만, 만약 그가 이 표현을 듣는다면, 무릎을 치면서 '바로 내가 하고 싶었던 말'이라고 할 것 같다.

　나아가 이 길은 야고보서에만 있는 것이 아니라, 성경 전체에 펼쳐져 있는 복음의 길이다. 바로 십자가의 길이다. 십자가를 피하는 길이 아니라 십자가를 통과해서 만나는 부활의 길이다. 이제부터 이 역전의 길로 함께 가보자. 한 걸음 한 걸음 용기 내어 걸어가다 보면 가을로 넘어가는 산행길에서 만나는 단풍나무처럼 어느새 그리스도로 옷 입고 변화되는 진짜 그리스도인을 자화상으로 만날 수 있을 것이다.

　앞에서 말한 처음 전도사 사역을 시작했던 때였다. 나는 하루아침에 성가대 피스 부장에서 주일학교 전체를 담당하는 전도사가 되었다. 전도사로 부임하기 한 주 전 주일 오후, 나는 다음 주부터 시작될 새로운 삶을 기대하며 마지막으로 피스와 성가대 가운을 정리하고 있었다. 그때 성가대실 저쪽 끝에 몇 사람이 모여 있었는데, 그들의 말이 내 귀에 들려왔다. "들었어요? 담임 목사님이 스무 살 초반의 새파란 애를 주일학교 전체 전도사로 임명했대요. 이게 말이 되는 거예요?"

듣지 말았어야 할 말을 들은 것이다. 그 말을 듣고 나니 낙망이 쓰나미처럼 밀려왔다. 나를 환영하지 않는 사람들의 자리에 발을 들인다는 것은 누구에게나 힘든 일이다. 마흔 번 넘는 이사와 수많은 전학 그리고 군 생활을 통해 나는 이미 그 사실을 잘 알고 있었다. 하지만 더 이상 물러설 곳이 없었다. 하나님이 나를 부르셨고 담임목사님이 내게 맡겼으니, 이제 나는 겁먹지 말고 힘차게 이 길을 가야 했다.

결론부터 말하자면, 첫 사역은 감동 그 자체였다. 나보다 몇 배 나이 많은 교사들 그리고 철없던 아이들과 함께한 학부 시절의 첫 번째 전도사 사역은 하나님이 살아계신 것과 복음이 얼마나 위대한 능력을 갖추고 있는지 체험하는 소중한 기회가 되었다. 진짜 그리스도인의 삶은 앞길이 뻔히 보이는 고속도로가 아니었다. 바로 앞도 가늠하기 어려운 굴곡진 계곡이었다. 하지만 그 길에 주님이 함께하시니 아골 골짜기가 아니라 신나는 롤러코스터가 되었다. 그것이 바로 야고보가 도전하는 길, 우리가 모두 가야 할 길, 주님과 함께하는 길, … 역전의 길이다!

2. 첫 번째 길
감사는 언제나 새 길을 연다

9-10 여러분 중에 가난한 그리스도인이 있다면 가난을 통해
하나님께서 당신을 높이실 것을 기뻐하고 자랑하십시오.
철저히 감사하십시오. 또한, 여러분 중에 부유한 그리스도인이 있다면
자신이 가진 것을 나누어 줌으로써 자신 안에서 오직
하나님만 높아지는 것을 기뻐하고 자랑하십시오.
11 이 땅의 삶과 부귀영화는 풀의 꽃과 같이 금방 지나가는 것이니
언제든 삶의 중심을 하나님께 두어야 합니다.
12 특히 삶의 중심을 하나님께로 옮기는 과정에서
능력 있게 승리하는 비결은 철저히 감사하는 데 있습니다.
감사는 시험을 통해 연단받은 사람에게 생명의 면류관을 줄 것입니다.
이 면류관은 주님을 사랑하는 사람에게
하나님께서 약속하신 것이기 때문입니다.

야고보서 1:9-12, MPT

사랑하는 아내와의 결혼식은 감동이었다. 하지만 연애와 결혼은 정말 하늘과 땅 차이만큼 거대한 간격이 있었다. 나는 너무나 가난했기에, 거의 모든 결혼식 비용은 처가에서 마련했다. 장인 장모님께 늘 죄송스럽고, 감사한 마음이다. 어쨌든 우리는 신혼여행도 다녀올 수 없었고, 혼수는 꿈도 못 꾸었다. 더 큰 문제는 신혼살림을 꾸릴 집도 없었다는 것이었다.

당시 나는 정말 돈이 한 푼도 없었다. 게다가 도움을 받을 형편도 안 되었다. 대학교는 장학금을 받으면서 다녔지만, 결혼은 연애를 우수하게 했다고 누군가가 장학금을 줄 리 없었다. 기도하고 고민하고 있는데, 카드사(내가 유일하게 갖고 있던 한

장의 카드였다)에서 천만 원을 대출해줄 수 있다는 연락이 왔다. 물론 엄청난 이자를 물어야 했지만, 내가 그 시점에서 선택할 수 있는 길은 그것뿐이었다. 영어 표현에 'the house of card'가 있다. 직역하면 '카드로 만든 집'인데, 이 표현은 '모래 위에 집을 짓는다'는 뜻이다. 약간의 언어유희를 섞자면 나는 정말 신용 '카드'로 신혼집을 마련했다.

그러나 그것은 우리의 행복한 신혼 생활에 닥쳐온 경제적 고난의 시작일 뿐이었다. 비록 지금도 넉넉하게 살지는 못하지만, 내 인생에서 신혼 초만큼 힘들었던 시절은 없었다. 지갑에 천 원짜리 지폐 한 장 찾기가 힘들었다. 게다가 결혼할 때쯤 아내는 작은 사업을 시작했다가 잘 안 되어 빚을 많이 지게 되었고, 나 역시 새 사역지에서 교회 건축이 시작되면서 무려 3개월간 생활비를 전혀 받지 못했다. 그야말로 설상가상이었다.

우리는 안양8동 산동네에서 보증금 천만 원에 월세 30만 원짜리 집을 얻었는데, 밀린 돈을 받으려고 검은 양복 입은 사람들이 그곳까지 몇 번이나 올라왔다. 경제적인 고통을 당해보지 않으면 이해하기 힘들겠지만, 월세와 공과금이 밀릴 정도로 생활이 어려워지기 시작하면 신앙을 지키는 일도 버거워진다. 하나님을 원망하고, 생활에서는 '루저'가 되었다는 패배감으로 잠을 이루지 못한 날이 얼마나 많았는지 모른다. 그때 아내는 학습지 교사를 했는데, 밥도 제대로 먹지 못하고 아침부터 저녁까지 무거운 학습지를 들고 다니며 아이들을 가르치느라 밤늦게야 집으로 돌아왔다.

하루는 아내가 잠든 사이에, 아내의 수첩을 우연히 보았는데, 첫 페이지에 이렇게 쓰여 있었다.

내 소원은 첫째 빚을 갚는 것,
둘째 빚을 갚는 것,
셋째 빚을 갚는 것!

순간 나는 눈물이 핑 돌았다. 이 상황에서 도대체 내가 할 수 있는 일이 무엇이란 말인가? 마음속 깊이 자괴감이 몰려왔다. 이처럼 사는 것이 너무나 힘겨웠기에 나는 눈물로 기도했다. 성결대학교 기도실에 올라가서 기도하고, 교회에서 기도하고, 집에서도 밤마다 기도했다. 그러던 어느 날, 기도를 마칠 때쯤 하나님의 음성을 듣게 되었다.

"환경을 이기라."

그래서 나는 주님께 여쭈었다.

"어떻게 환경을 이깁니까?"

그러자 그분이 이어 말씀하셨다.

"감정을 이기는 것이 환경을 이기는 것이다."

환경이라는 것, 상황이라는 것이 결국 나의 감정에서 출발하니까 주님 말씀이 맞았다. 하지만 나도 모르게 오기가 생겨서 계속 여쭈었다.

"그러면 감정은 어떻게 이깁니까?"

그러자 하나님은 놀라운 해결책을 제시해주셨다.

"감사하라!"

솔직히 처음에는 신경질이 났다. 일이 잘되거나 잘될 기미라도 보여야 감사하는 마음이 생기는데, 하나님은 이 모든 상황을 다 아시고 해결될 기미는 전혀 보여주지도 않으면서 무조건 감사하라고 하셨기 때문이다. 그때까지 내가 알고 있던 감사와는 전혀 다른 것이었다. 그때까지 나는 '감사'라는 영적 신비의 바다에 담긴 그 엄청나게 넓고 깊은 생명을 경험하지 못하고 그저 해변의 찰랑거리는 물결만 만지고 놀았던 것이다. 도저히 감사하지 못할 상황 … 그러나 감사하라는 하나님의 말씀. 그 상황에서 나는 어떻게 해야 했을까?

나는 그분의 말씀에 순종할 수밖에 없었다. 우리가 가야 할 역전의 길은 순종뿐이었기 때문이다. 그래서 우리 부부는 그날부터 감사하기로 했다. 우리는 하루에 천 번씩 감사하기로 했고, 이것이 습관이 될 때까지 집 안 구석구석 눈이 닿는 곳마다 "감사합니다"라고 적은 스티커를 붙였다. 날마다 이것을 읽고 선포하고 기도하고 또다시 결단하고 고백하기를 반복했다. 우리는 하나님을 바라보기로 했다. 그리고 그분을 기뻐하며 자랑하기로 했다. 비로소 첫 번째 역전의 길로 들어선 것이다.

놀라운 사실은 우리가 감사를 시작하자 가장 먼저 마음에 평안이 왔다는 점이었다. 작은 일부터 큰일까지 감사하지 못할 일이 없었다. 잘되는 일은 잘되어서 감사했고, 되지 않은 일은 하나님께서 원하시는 대로 될 것을 기대하며 감사했다. 물론 경제 사정이 기적적으로 나아지거나 누군가가 우리에게 떡 하니 거금을 내놓거나 하지는 않았지만, 우리는 감사하는 가운데 조금씩 상황을 이기기 시작했다. 아니, 우리 안의 하나님이 승리하고 계심을 보게 되었다.

혹시 이 글을 읽는 사람 중에 질병이나 재정이나 관계의 문제로 고통당하는 사람이 있다면, 의심하지 말고 감사의 생활부터 시작해보라는 권면을 하고 싶다. 무조건 감사하라! 하나님을 기뻐하고 하나님을 자랑하라! 물론 처음에는 그렇게 하기 어렵다. 하지만 반복이 습관을 낳고, 습관은 삶을 만든다. 우리 부부는 하루도 빠지지 않고 감사 기도를 했다. 먹을 것이 있든 없든, 날씨가 춥든 덥든, 가난하든 부유하든 감사했다.

생명이든 사망이든 가장 먼저 마음과 입술에서 시작되는 것이다. 우리는 느리지만, 천천히 감사하는 마음과 입술로 주님 앞에 나아갔다. 하루는 저녁을 굶은 상태에서 지갑에 유일하게 남은 천 원짜리 한 장을 꺼내 어묵 4개를 사 들고 집으로 돌아오면서 하나님께 감사 기도를 드렸다. 순간 눈물이 줄줄 흘렀고 마치 내가 정신이 나간 게 아닐까 하는 느낌이 들었다. 하지만 그 과정을 통해 의지적인 감사는 진정한 감사로 바뀌었다. 남들이 보기에는 저녁으로 겨우 어묵 4개밖에 살 수 없는 딱한 처지였지만, 무엇을 소유해서 감사하는 것이 아니라, 그 어떤 소유와 상황에 상관없이 감사하는 존재로 변화되기 시작한 것이다.

야고보는 이 감사를 '기쁨과 자랑'으로 치환하고 있다. 그는 1장 2절에서 "나의 형제자매들이여! 여러분이 그리스도인으로 살아가면서 여러 시험을 마주하게 된다면 감사하는 마음으로 그 시험들을 철저히 기쁘게 받아들이십시오"라고 편지를 시작했다. 여기서 '철저히'(온전히, 개역개정)라는 단어가 마음에 참 와닿는다. 모든 일에, 끝까지, 항상, 어떤 상황이라도 감사하라는 말이기 때문이다.

나는 가끔 나 자신에게 그리고 성도들에게 '하나님 입장'

이 되어보라는 말을 한다. 사람들은 힘들 때 보통 불평을 한다. 당연한 일이다. 또 좋은 일이 생기면 웃는다. 이것도 당연하다. 그런데 어떤 성도가 비참하고 힘겨운 상황에 있는데도 하나님께 감사할 줄 알고 기뻐한다면, 하나님은 그를 어떻게 보실까?

마찬가지로, 예수님을 감격하게 만든 백부장처럼 나는 주님께 감동을 드리고 싶다. 두 렙돈으로 칭찬을 받은 과부처럼 나는 예수님께 칭찬받고 싶다. 나는 신혼 초부터 혹독한 재정훈련을 받으면서 하나님을 기쁘게 해드리고 감동하게 해드리는 새로운 역전의 길을 가게 된 것이다.

우리에게 이렇게 감사와 기쁨이 넘치려면, 우리 삶의 무게 중심을 다른 곳으로 새롭게 움직여야 한다. 바로 그것이 감사의 다른 이름인 '자랑'이다. 내가 가진 물질이나 건강으로 삶의 무게 중심을 삼으면 우리는 그것을 자랑한다. 자연스럽게 하나님은 자랑의 중심에서 멀어진다.

하지만 시련과 고난 앞에서 이 상황을 역전시키실 뿐만 아니라, 이 상황들을 통해 나를 변화시킬 하나님께 무게 중심을 둔다면, 우리는 하나님과 그분이 여시는 내 인생의 전 과정을 자랑하게 될 것이다. 그래서 야고보는 1장 9-10절에서 이렇게 말한 것이다. "낮은 형제는 자기의 높음을 자랑하고 부한 자는 자기의 낮아짐을 자랑할지니 이는 그가 풀의 꽃과 같이 지나감이라"(개역개정). 완전히 '역전적인' 자랑의 가치를 너무나 맛깔나게 표현한 구절이다.

낮은 형제(물론 자매도 포함한다)는 여러 가지 종류의 '낮음'을 가졌을 것이다. 재정적으로 가난할 수도 있고, 신분적으로 낮은 위치에 있을 수도 있다. 하지만 이 형제는 자신이 처한 삶의 현실에 무게 중심을 두지 말고, 앞으로 하나님께서 이루실 '높음'에 무게 중심을 옮기는 삶으로 역전해야 한다. 그것이 진짜 그리스도인의 삶이다.

부한 자 역시 여러 종류의 '높음'을 가지고 있다. 재정적인 부유함은 신분 상승으로 이어지는 것이 세상 원리다. 이것은 옛날부터 지금까지 한결같다. 하지만 거기에 무게 중심을 두면 안 된다. 주님은 이미 부한 자가 천국에 들어가는 것이 엄청나게 어렵다고 말씀하셨다. 아니 불가능하다고 하셨다(마 19:24, 막 10:25, 눅 18:25). 그러므로 그는 하나님의 '낮추심'에 감사하고, 무게 중심을 옮겨 자랑해야 한다. 그분의 심장이 되어 가난한 사람에게 베풀고 나누고 섬김으로써 하늘의 상을 기대하는 것이다. 부한 자는 자신이 가진 것을 내려놓음으로 자기 안에서 하나님이 높아지시는 복을 누려야 한다.

야고보가 말한 "자랑하라"는 권면은 내 귀에 이렇게 들린다. "적극적으로, 감사함으로 그렇게 하라!" 억지로 하지 말고 기쁨으로 하라는 것이다. 이것이 성경 원리이기 때문이다. 야고보는 이 원칙을 분명하게 밝히고 있다.

> 나의 사랑하는 형제자매들이여! 들어보십시오. 하나님께서는 이 세상에서 가난한 사람들을 선택하셔서 그들이 믿음 안에서 부유하게 하시고, 하나님을 사랑하는 사람에게는 하늘나라를 선물로 주시겠다고 약속하지 않으셨습니까?(2:5)

역전은 성경 전체를 관통하는 위대한 진리 가운데 하나다. 이 역전의 원칙은 바로 복음의 원칙이기도 하다. 누가복음 4장에서 예수님은 자신의 첫 번째 공생애 사역 자리에서 이사야 61장 말씀, 그 역전의 말씀으로 자신과 복음을 소개하셨다. 이 말씀에서 주는 역전이라는 의미가 들어올 것이다.

> 주의 성령이 내게 임하셨으니 이는 가난한 자에게 복음을 전하게 하시려고 내게 기름을 부으시고 나를 보내사 포로 된 자에게 자유를, 눈먼 자에게 다시 보게 함을 전파하며 눌린 자를 자유롭게 하고 주의 은혜의 해[희년, 레 25:10]를 전파하게 하려 하심이라 하였더라(눅 4:18-19).

예수님은 이 성경을 다 읽으시고 두루마리를 잘 말아서 회당 관리자에게 준 후, 충격적인 이야기를 더하셨다. "이 성경 말씀이 너희가 듣는 가운데서 오늘 이루어졌다."

우리의 문제는 성경을 수없이 읽으면서도 말씀이 오늘날 우리의 귀에 이루어지지 않고 있다는 것이다. 이제는 이 선포된 이사야의 말씀, 예수님의 선언이 우리 귀에, 우리 삶에 적용되고 이루어져야 한다. 제2차 세계대전이 끝났지만, 그 사실을 알지 못했던 일본군 병사가 수십 년 동안 정글에 숨어 지냈다는 이야기가 있다. 그 병사의 시간 속에서는 전쟁은 여전히 계속되고 있었다.

마찬가지로 이미 성취된 예수 그리스도의 복음은 여전히 수많은 사람에게 아직 시작되지 않은 영화의 예고편처럼 보인다. 이 역전의 복음이 나의 것이 되려면, 우리도 기뻐해야 한다. 우리도 자랑해야 한다. 우리 삶의 무게 중심을 옮긴 감사의 길, 기쁨의 길, 자랑의 길, 곧 역전의 길로 가야 한다.

스스로 점검해보라. 나는 요즘 무슨 일에 기뻐하는가? 무엇을 자랑하는가? 현재 내 인생에서 가장 행복한 일은 무엇이며, 나는 항상 무엇을 자랑하고 다니는지 생각해보라. 내 상황이 어떻게 흘러가든지 우리는 새로운 기쁨과 자랑으로써 삶의 무게 중심을 옮겨 역전시킬 수 있다. 마치 시소의 한쪽 끝에 물건을 올려놓으면 그쪽이 기울어지는 것처럼 말이다.

성경의 말씀은 분명하다. 바빌론과 페르시아의 포로 생활을 마치고 돌아온 이스라엘 백성의 눈앞에는 모든 것이 파괴되어 허허벌판이 된 가나안 땅이 펼쳐져 있었다. 도저히 희망이라고는 찾아볼 수 없었을 것이다. 하지만 느헤미야는 "여호와로 인하여 기뻐하는 것이 너희의 힘"(느 8:10)이라고 선언했다. 그에 앞서, 남 유다가 파멸당할 위기 앞에서 아무 희망이 없을 때도 예레미야는 "명철하여 나를 아는 것과 나 여호와는 사랑과 정의와 공의를 땅에 행하는 자인 줄 깨닫는 것"(렘 9:24)을 자랑하라고 했다.

이 말씀을 굳게 기억한 바울 역시, 혼동과 파벌의 공황 속에 있던 고린도교회 성도들에게 이 예레미야서 말씀을 인용하면서 "누구든지 자랑하려거든 주님을 자랑하라"(고전 1:31, 새번역)고 한 것이다. 즉, 삶의 무게 중심을 하나님께 두라는 의미이다. 이제 우리는 새로운 기쁨과 새로운 자랑, 다시 말해, '역전적인' 기쁨과 '역전적인' 자랑이 시작되도록 해야 한다.

신혼 초에 우리 부부에게 있던 빚은 다 해결되었다. 우리는 성실하게 하루하루 감사하며 살았다. 빚은 하나님께서 다 갚으셨다. 우리의 감사를 통해 말이다. 우리의 자랑을 통해 말이다. 빚은 사라졌으나 감사는 남았다. 빚의 굴레는 사라지고 감사의 능력은 남았다. 빚보다 더 크게 말이다. 하나님은 위대한 분이시다. 그분께 감사하고 그분을 기뻐하고 그분을 자랑하는 사람에게 더욱 그러하다!

여섯 번째 적용

말씀을 삶으로 살아내기

1. 지금, 이 순간 나를 가장 짜증 나게 하고 힘들게 하는 것은 무엇인가? 그 구체적인 상황이나 사람이 있다면 지금 기도 노트에 적어보자.

2. 진짜 그리스도인이 되려면 훈련이 필요하다. 감사가 내 인생을 바꿀 놀라운 비밀임을 믿는다면, 지금 당장 하루에 100번이라도 감사 표현하기를 실천해보자. 이를 위해 계수기를 사용해도 되고, 눈이 닿는 곳마다 감사 스티커를 붙여 큰 소리로 읽어도 좋다. 지금 당장 실천해보라. 놀라운 일이 일어날 것이다.

3. 감사 덕분에 일어난 일들을 기록해보자.
   · 마음과 생각에서:
   · 가정과 직장에서:
   · 예배와 교회에서:

3. 두 번째 길
참된 경건은 긍휼로 나타난다

²⁶ 만약 어떤 사람이 자기가 경건한 사람이라고 자부하면서도
자신이 말하는 것을 조심하지 않는다면 오히려 자기 영혼 안에 들어온
하나님의 말씀을 속이고 배신하는 것이며,
이러한 사람의 신앙생활은 헛된 종교생활이 될 것입니다.
²⁷ 하나님 아버지 앞에서 정결하고 깨끗한 신앙생활은
어려운 상황에 있는 고아와 과부들을 보살피고,
이 악한 세상으로부터 분리되어 자기 영혼과 육체 전부가
더러워지지 않도록 지키는 것입니다.

야고보서 1:26-27, MPT

야고보가 제시한 역전의 길, 즉 기쁨과 자랑의 길을 따라 계속 나아가다 보면 이어지는 두 번째 길을 만난다. 야고보는 지금까지 외모(외형)로 모든 것을 판단하던 습관에서 벗어나 이제는 말과 행동을 자유의 율법대로 심판받을 자처럼 하며, 다른 사람에게 긍휼을 베풀라고 말한다(2:12-13). 긍휼이야말로 비난과 판단이 난무하여 결국 심판받을 수밖에 없는 이 세상의 무게 중심을 하나님 마음과 성품으로 옮겨 놓는 '혁명적인' 역전의 길이기 때문이다. 긍휼은 이 세상에 반드시 일어날 심판을 피하는 정도가 아니라 그 심판을 넘어서게 한다.

그런데 긍휼을 베풀려면 자기중심적인 삶의 자세를 완전

히 포기해야 한다. 아직 역전의 길에 들어서지 않은 그리스도인도 마찬가지겠지만, 세상 사람들은 인생의 중심이 철저히 자기 자신이다. 그래서 자기가 세운 인생 계획을 늘 자랑하면서 산다. "오늘은 이것을 하고, 내일은 저기로 가서 새로운 일을 해볼 거야. 그러면 1년 뒤에는 새로운 사업을 시작할 수 있을 것이고, 나는 부자가 되겠지"라고 말이다.

문제는 그들이 자랑하고 기뻐하면서 만든 삶의 중심에는 하나님의 자리가 없다는 것이다. 그렇기에 그 삶에는 생명이 없다. 아울러 이러한 이기적인 삶은 결국 남을 비난하고 정죄하는 삶으로 이어진다. 스스로 그리스도인이라고 말하는 사람들 중에도 다른 사람을 비난하고 정죄하고 무시하면서 삶의 기쁨을 누리는 사람이 있다.

하나님께서는 "내가 긍휼을 원하고 제사를 원하지 아니하노라"(마 9:13)라고 하시는데, 그리스도인은 언제부터인가 다른 교회의 죄를 찾아내어 까발리고, 목회자의 부족함을 인터넷에 유포하기를 즐기는 것 같다. 물론 잘못을 비판하여 다시는 그런 일이 발생하지 않도록 경계하는 것 자체는 문제가 아니다. 하지만 비판하는 자신의 마음을 들여다보면서 진정한 의도가 무엇인지 확인해야 한다. 대안도 제시하지 못하면서 비난만 하는 사람은 사실 그런 사람들과 크게 다를 바가 없다. 더 나아가 한국 교회가 개교회 중심이 되고 대형교회를 추구하는 방향으로 진행되면서 작고 약한 교회가 사라져 가고, 마침내 대형교회도 사라지게 되는 교회사의 흐름을 모르고 있다. 이솝우화에는 이런 이야기가 나온다.

> 두 마리의 나귀가 길을 가고 있었다. 어느 날, 작은 나귀가 그날따라 몸이 좋지 않아 자기 짐을 조금만 나누어져 달라고 큰 나귀에게 부탁했다. 하지만 큰 나귀는 자기 짐도 무겁다면서 그 부탁을 들어주지 않았다. 결국, 얼마 지나지 않아 작은 나귀는 길에서 죽었고, 큰 나귀는 죽은 나귀의 짐을 전부 떠맡았을 뿐 아니라 그 시체까지 짊어지고 가야 했다.

한 교회가 다른 이웃 교회를 향한 공동체적 인식과 태도를 외면하면, 성도들도 다른 개인을 향한 공동체적 헌신과 책임감을 포기하기 시작한다. 구약성경에 나오는 것처럼 하나님께서 가장 관심을 가지셨던 약한 자, 즉 과부, 고아, 외국인 그리고 레위인(하나님을 위해 일하는 진정한 성직자)을 외면하는 시대는 조만간 긍휼을 베풀지 않은 큰 나귀와 같은 운명을 맞이할 것이다.

우리는 언제까지 자기를 위해서만 살아갈 텐가? 그리스도가 우리를 위해 죽으신 것처럼 우리도 누군가를 위해 죽을 때 진짜 그리스도인이 된다. 그렇게 되기 위해서 필요한 것은 비난과 정죄가 아니라 긍휼이라는 참된 경건이다.

여기서 꼭 짚고 넘어가야 할 것이 있다. 우리가 경건이라는 가치를 개인 영역에만 은밀하게 가두어둔 지가 너무 오래되었다는 것이다. 자신에게만 무게 중심을 두고 스스로 자위하는 신앙으로 머무른 것이다. 그러나 야고보가 말하는 참된 경건은 개인 영역에만 국한된 것이 아니라 공동체의 관계로 나아간다. "하나님 아버지 앞에서 정결하고 깨끗한 신앙생활은 어려운 상황에 있는 고아와 과부들을 보살피고, 이 악한 세상으로부터 분리되어 자기 영혼과 육체 전부가 더러워지지 않도록 지키는 것입니다"(1:27).

연약한 이들을 돌보는 것과 자신이 세속에 물들지 않는 것은 서로 다른 내용이 아니라 결국은 같은 이야기다. 우리가 세상 물질에만 사로잡혀 살면 가난한 사람을 돌볼 겨를이 없다. 그 욕망이 나를 지배하기 때문에 나눔이나 긍휼을 베풀 영혼의 여유가 없어지는 것이다. 하지만 세상 욕망을 향한 내 손아귀의 힘을 조금 풀면, 거기에서 자연스럽게 흘러나오는 여유와 긍휼로 약한 사람들에게 베풀며 의미 있는 삶을 살게 된다. 너도 살고 나도 사는 상생相生의 삶, 생명의 삶이 되는 것이다.

하나님은 우리가 아예 손아귀의 힘을 완전히 풀어버리길 바라신다. 그래야 우리는 진정한 예수님의 긍휼을 받을 수 있고 나눌 수 있기 때문이다. 아울러 남을 정죄하고 비난하면서 자신이 진짜 경건한 그리스도인이라고 착각하는 사람은 스스로 세속에 물든 사람이며, 하나님이 원하시는 긍휼을 잃어버린 존재임을 자각해야 한다.

무조건 죄를 덮어주거나 정의보다는 긍휼을 베풀어야 한다는 주장을 펼치는 것이 아니다. 진정한 정의는 내가 아니라 하나님께 달려 있다는 말을 하고 싶은 것이다. 만약 당신이 죄 다 정죄하고 심판한다면 하나님은 무엇을 하시겠는가? 야고보는 엄중하게 말했다.

형제자매들이여! 서로 비난하지 마십시오. 형제나 자매를 비난하거나 판단하는 자는 법을 비난하고 판단하는 것이며, 법을 비난하고 판단하는 것은 곧 그 법을 만드신 분을 교만한 태도로 무례하게 대접하는 일과 같습니다. 만약 당신이 법을 판단한다면 당신은 법을 지키는 사람이 아니라, 심판하는 사람이 되는 것입니다. 그러나 법을 주신 분과 그 법을 기준으로 심판하시는 분은 오직 하나님 한 분뿐이십니다. 어째서 당신은 사람이면서 감히 하나님처럼 높아져서 이웃

을 심판하려고 하는 것입니까?(4:11-12)

그렇다! 심판은 하나님께서 하실 일이다. 자기 눈의 들보는 보지 못하면서 언제까지 남의 눈에 있는 티만 보겠는가?(마 7:3-5, 눅 6:41-42) 이 비난과 정죄의 문화로 물든 세속 가치에서 벗어나는 유일한 길은 억울한 죽음의 마지막 순간까지 "주여 이 죄를 그들에게 돌리지 마옵소서"(행 7:60)라고 말하고, "아버지 저들을 사하여 주옵소서 자기들이 하는 것을 알지 못함이니이다"(눅 23:34)라고 기도했던 스데반과 예수님처럼 눈물과 안타까움으로 세상을 긍휼히 바라보는 것이다. 또한, 그렇게 순교자의 정신으로 사는 것이다.

이제는 누군가가 잘못하면 비난하는 세상의 길이 아니라, 누군가 넘어졌을 때 그를 위해 기도하고 긍휼을 베푸는 하늘의 길, 역전의 길을 걸어야 한다. 내가 하고 싶은 대로 살지 말고 말씀이 이끄는 대로 살아야 한다. 야고보의 다른 목소리도 같이 들어보자.

나의 형제들이여! 마지막으로 부탁합니다. 혹시라도 어떤 사람이 예수 그리스도와 복음에서 이탈하여 교회를 떠나거나 죄를 지었으나, 그런 사람을 도와 다시 예수 그리스도와 복음 안으로 들어오게 하려면 마음에 새겨야 할 것이 있습니다. 누구든지 죄지은 사람의 방향을 돌이키게 하는, 즉 삶을 변화시키는 유일한 방법은 철저한 용서뿐이라는 사실입니다. 이러한 용서를 실천하려면, 영혼을 사망에서 구원하시고 허다한 죄를 용서하신 하나님과 같은 마음자리에 서야만 합니다. 하나님의 그 마음으로 당신도 용서받았습니다. 그러니 바로 지금, 당신도 그 하나님 아버지의 마음으로 용서하십시오(5:19-20).

처음 청년 사역을 시작했던 모 교회의 청년 중에는 일본 선교사의 딸인 은혜가 있었다. 은혜는 선교사의 자녀답게 열심히 신앙생활을 했다. 그런데 어느 날, 은혜가 울음 섞인 목소리로 전화를 걸어 왔다. 내일모레가 대학교 등록 마감일인데 외국에 계신 부모님은 연락이 되지 않고 돈은 한 푼도 없다는 것이었다. 등록금이 정확히 얼마였는지는 기억이 나지 않지만, 몇백만 원은 족히 되었다. 그 당시 나는 신혼 초였고, 사례도 잘 받지 못하던 전도사 시절이었다. 따라서 도와줄 수 있는 여윳돈은 없었다. 하지만 그 순간 은혜의 문제가 내 딸의 문제라는 생각이 들었다. 그래서 무릎을 꿇고 기도했다.

"주님, 은혜의 상황에 긍휼을 베풀어주세요!"

그런데 갑자기 생각지도 않던 일이 벌어졌다. 카드 회사에서 백만 원까지 대출 가능하다고 연락이 온 것이다. 사실 신혼살림을 카드 대출로 마련한 지 얼마 지나지 않았던 터라 나는 다시 카드 대출을 받고 싶지 않았다. 하지만 하나님은 언제나 나를 좁은 길, 역전의 길로 인도하지 않으셨던가?

이 모든 내용을 품고 주님께 기도하자 평안이 찾아왔다. 그래서 백만 원 정도를 대출받았다(물론 웬만하면 카드 대출은 받아선 안 된다. 하지만 그때는 달랐다). 갚아야 할 이자는 생각도 하지 않았다. 어떻게 갚아야 할지도 마음에 두지 않았다. 그저 내 딸이나 다를 바 없는 이 아이를 도와주고 싶은 긍휼, 그것 외에는 없었다. 이어 나는 모든 청년에게 전화를 걸었다. 그리고 단도직입적으로 말했다.

"은혜가 학교 등록금을 내야 하는데, 돈이 많이 부족하다고 한다. 나는 백만 원을 내놓으려고 하는데, 너희들도 여유가 된다면 조금 도와주겠니?"

놀라운 사실은 그날이 아르바이트하던 몇몇 청년의 월급날이었다는 것이다. 모두 한마음이 되어 은혜의 등록금을 마련했다. 그리고 은혜는 무사히 대학에 입학했다. 한 달 후 은혜의 부모님이 한국으로 오셔서 우리가 한 일을 듣고 무척 감사해했으며 빌려준 모든 돈을 이자까지 갚아주셨다.

이런 일이 있으면 무조건 현금 서비스나 카드 대출을 받으라는 말은 물론 아니다. 긍휼의 마음을 가지라는 것이다. 그러면 반드시 하나님께서 길을 열어주실 것이다. 이것이 야고보서가 말하는 참된 경건이다. 그리고 진짜 그리스도인의 길이다. 십자가의 자리로 가는 역전의 길이다.

하나님의 방법과 세상의 방법은 다르다. 이 역전의 길을 걸어가야만 세상을 역전시킬 수 있다. 내가 역전되어야만 사람을 변화시킬 수 있다. 야고보는 형제자매가 헐벗고 일용할 양식이 없는데 말로만 "평안하세요, 옷 따뜻하게 입으세요, 배부르게 식사하세요"라고 한다고 해서 실제로 그렇게 되겠냐고 반문한다. 평안할 상황이 아니고, 입을 옷이 없고, 밥 사 먹을 돈이 없는데 어떻게 말만 그렇게 하느냐는 것이다(2:15-16). 실제로 필요를 채우고 도움을 주어야 하지 않겠는가? 다시 말해, 긍휼을 베풀어야 하지 않겠냐는 것이다. 누가복음 10장에서 예수님이 말씀하신 것처럼, 누가 나의 진정한 이웃인가? 바로 긍휼을 베푼 자가 아니겠는가? 그 이야기에 언제까지 감동만 받다가 끝날 텐가? 다른 사람 이야기는 그만하고 이제는 내가 긍휼의 주인공이 되어야 하지 않겠는가?

은혜 이야기는 빌려준 돈을 받은 것으로 끝나지 않았다. 은혜는 십시일반 감동적인 나눔으로 그 학기에 등록했고, 대학교 입학 수련회 중에 열린 복음 성가 경연 대회에서 2등을 했다. 그런데 '1등 상품'을 내게 가지고 왔다. 본인은 2등을 했는데 1등 상을 들고 온 것이다. 1등을 한 사람이 은혜의 이번 학기 등록 사연을 듣고 나서는, 그렇게 베푼 전도사에게 자기의 1등 상을 주라고 했다는 것이다. 모 레스토랑 상품권을 전해주며 눈물을 글썽이던 은혜의 눈빛은 백만 원으로 살 수 없는 감동이었다.

그리고 감동은 거기서 끝나지 않았다. 나는 주님께서 주신 감동에 순종하여 긍휼을 베푼 것뿐이었는데, 주님은 그것을 기억하시고 이후 십자가교회를 개척할 때, 수많은 사람이 그 이상으로 내게 긍휼을 베풀도록 해주셨다. 그들이 베푼 긍휼을 절대 잊을 수 없다. 그것은 하나님께서 나에게 베푸신 긍휼과 같았기 때문이다. 예수님의 말씀처럼 "긍휼히 여기는 자는 복이 있나니 그들이 긍휼히 여김을 받[는다]"(마 5:7). 이것을 잊지 말아야 한다. 긍휼은 선택이 아니다. 긍휼히 행하지 않는 믿음은 죽은 믿음이며(2:17), 선을 행할 줄 알고도 하지 않으면 죄가 된다(4:17).

일곱 번째 적용
말씀을 삶으로 살아내기

1. 지금 섬기는 사람이나 봉사단체 및 후원하는 대상이 있는가? 만약 없다면 왜 그러한가? 돈이 없는 것인가? 시간이 없는 것인가? 아니면 마음이 없어서인가?

2. 경건한 하나님의 사람으로 살고 싶다면 지금 즉시 자신의 재능을 나누고 교회를 섬기고 물질과 시간을 섬길 사람과 기관을 찾아보라. 그리고 그것을 할 수 있도록 하나님께 시간과 물질을 구하라.

3. 심지 않으면 거둘 수 없다. 긍휼을 베풀지 않으면 긍휼을 얻을 수 없다. 지금 하나님께서 주시는 도전과 찔림을 희석하지 말고 즉시 삶으로 옮겨 보라. 하나님께 자신이 경건한 사람으로, 긍휼을 베푸는 사람으로 살게 해 달라고 기도하라.

4. 세 번째 길
외모가 아니라 중심으로 사랑하라

[1] 나의 형제자매들이여! 여러분은 예수님을 닮아가는 사람들이니
외모로 사람을 판단하지 마십시오.
[2-4] 예를 들어, 여러분이 모여 예배드리는 곳에
비싼 옷과 액세서리를 한 사람이 들어오고, 동시에
누추한 옷에 액세서리 하나 없이 허름해 보이는 옷을 입은 사람이
들어올 때 비싼 옷을 입은 사람에게는 다가가
"여기 좋은 자리에 앉으세요"라고 친절하게 말하면서,
허름한 옷을 입은 가난한 사람에게는 무관심하고 거칠게 말한다면
여러분끼리 사람을 차별하여 악한 생각으로 남을 판단하고
심판하는 것이 아니겠습니까?
[5] 나의 사랑하는 형제자매들이여! 들어보십시오.
하나님께서는 이 세상에서 가난한 사람들을 선택하셔서
그들이 믿음 안에서 부유하게 하시고, 하나님을 사랑하는 사람에게는
하늘나라를 선물로 주시겠다고 약속하지 않으셨습니까?
[6] 그런데 여러분은 하나님께서 선택하신
이 가난한 사람들을 무시했습니다.
여러분이 그렇게 관심을 두는 부유한 사람들은
오히려 여러분을 억압하고 긍휼과 자비를 베풀기보다는

여러분을 법적으로 불평등하게 대하지 않았습니까?
⁷ 무엇보다 부유한 자들은 여러분에게 주어진
그리스도인이라는 아름다운 이름을 모독하지 않습니까?
⁸⁻⁹ 만약 여러분이 성경 말씀처럼
"너의 이웃을 너 자신처럼 사랑하라"라는
이 최고 계명을 지킨다면 잘하는 일이지만,
사람을 외모로만 보고 편파적으로 판단하는 삶을 산다면
여러분은 죄를 짓는 것입니다.
여러분은 이미 유죄판결을 받은 셈입니다.

야고보서 2:1-9, MPT

　십자가교회를 개척하고 얼마 지나지 않았을 때였다. 누군가 교회 문이 부서지라 두들기며 소리를 질렀다. 나는 일단 조심하려고 바로 나가지 않고 상황을 지켜보았다. 어떤 걸인이 술에 잔뜩 취해 욕을 하고 있었다. 아마도 몇 푼 구걸하려고 왔는데, 교회 문이 열리지 않자 화풀이를 시작했던 것 같다. 그는 한국 교회와 목사들을 향해 평소 들어왔던 좋지 않은 이야기를 다 끄집어내면서 한참 동안 욕설을 내뱉었다. 어떻게 할까 고민하다가 주님께 기도했다. 그러자 주님께서 나에게 그를 만날 용기를 주셨다. 막상 내가 문을 열고 나가니 그는 다소 놀란 표정으로 나를 보았다. 교회 안에 아무도 없다로 생각하고 엄청난 욕설을 퍼부었는데, 내가 그것을 안에서 다 들었다고 생각하니 순간 당황한 것 같았다.

나는 우선 인사를 한 다음 빨리 나오지 못한 것과 한국 교회와 목사들이 잘못한 것을 대신 사과하겠다고 했다. 그러자 그는 나의 말에 충격을 받았는지, 지금까지 말했던 주제를 완전히 바꾸어서 자신의 한 많은 과거사를 나에게 풀어놓았다. 한참 자기 과거를 서글프게 말한 그는, 지금 당장 먹을 것도 입을 것도 없고, 몸도 성치 않아 사는 게 힘들다는 말을 했다.

외모로 사람을 판단하는 일은 특별한 은사가 없어도 누구나 할 수 있다. 눈과 코와 귀가 금방 감지하기 때문이다. 길에서 노숙하면서 사람들이 배달시켜 먹고 남긴 음식을 먹는 이들의 외모와 냄새와 태도는 정말 감당하기가 어렵다. 그 역시 지독한 냄새를 풍겼지만, 하나님은 내 안에 다른 마음을 부어주셨다. 그래서 나는 그분의 마음으로 그 걸인에게 긍휼을 베풀기로 했다. 나는 먼저 그를 교회 화장실로 데려가 몸을 씻겨준 다음, 이전에 입었던 옷을 다시 입는 것은 합당하지 않은 것 같아서 내 옷을 꺼내 주었다. 비록 내가 신던 것이지만 신발도 주었고, 그때 주머니에 있던 돈을 전부 주었다. 나는 그를 위해 진심으로 기도해주었고 도움이 필요하면 언제든 오라고 말했다. 욕과 비난으로 만났던 우리는 감사와 미안함으로 여러 번

인사하며 헤어졌다.

야고보서 2장에 보면 회당에 들어오는 사람 중에는 금반지를 끼고 멋진 옷을 입은 사람들도 있지만, 남루한 옷을 걸친 걸인 같은 사람들도 있었다. 당연히 사람들은 부유한 자들을 부드러운 말로 맞이했고, 그들에게 특별한 자리를 제공하며 세심한 관심을 보였다. 반대로 가난하고 별 볼 일 없어 보이는 사람은 매몰차게 대하며 미천한 자리로 안내했고, 무관심으로 일관했다. 법정에서도 마찬가지였다. 부한 자는 법정에서 특별 대우를 받았고 가난한 자는 억울한 대우를 당했다. 그런데 문제는 그런 일이 지금 이 시대에도 그리고 교회에서도 벌어진다는 것이다.

야고보는 이러한 외모와 세상적인 가치를 가지고 사람을 차별하지 말라고 이야기한다. 그것은 악한 생각으로 남을 판단하는 죄이기 때문이다(2:4). 야고보는 간음이나 도적질이 하나님께서 싫어하시는 죄인 것처럼, 다른 사람을 외모로 평가하고 판단하는 것 역시 죄라고 분명하게 밝힌다(2:9-11).

그러면 어떻게 해야 하는가? 야고보는 "너희는 자유의 율법대로 심판받을 자처럼 말도 하고 행하기도 하라"(2:12, 개역개정)고 선언한다. 여기서 "자유의 율법"이란, 모세의 율법이 아니라 그리스도를 통한 사랑의 법을 말한다. 모세의 율법은 한

가지만 어겨도 모든 것을 어긴 것으로 간주했지만, 사랑의 법은 "사랑하면 모든 것을 지킨 것으로 보는 새로운 원칙"으로 그 효력을 발휘하기 때문이다. 이것은 신약 시대에 와서 갑자기 적용된 것이 아니라, 구약의 율법 안에 원래부터 녹아 있던 근본 정신이었다. 그래서 야고보는 "만약 여러분이 성경 말씀처럼 '너의 이웃을 너 자신처럼 사랑하라'라는 이 최고 계명을 지킨다면 잘하는 일"이라고 선언한 것이다(2:8, 레 19:18 참조). 그렇다. 사랑은 외모 지상주의가 판을 치는 차별과 불평등의 시대에 모든 것을 온전하게 매는 띠가 되어(골 3:14 참조) 하나님 나라와 뜻을 이루는 가장 강력한 무기다.

우리는 긍휼을 베풀어야 한다. 그런데 모든 사람에게 그렇게 하기는 쉽지 않다. 솔직히 나도 어떤 사람은 조건 없이 도와주고 싶지만, 어떤 사람은 주는 것도 없이 미울 때가 있다. 우리는 외모(외형)라는 선입견을 품고 있기 때문이다. 눈으로 보이는 외모와 첫인상이 중요한 것은 어느 정도 사실이다. 하지만 그보다 더 중요한 것은 나의 내적인 세계가 어떤 가치를 가지고 외부 세계를 판단하느냐에 달려 있다.

사람은 저마다 자신만의 '렌즈'를 끼고 세상을 바라본다. 렌즈 색깔과 성질에 따라 세상은 다르게 보인다. 즉, 세상의 모든 것은 우리 눈에 주관적으로 보인다. 그래서 더러운 오물로 흐려진 안경을 쓰면 아무리 맑은 날도 흐리게 보일 수밖에 없다.

그 분노한 걸인을 보내고 나서, 나는 그를 새까맣게 잊고 있었다. 사실 십자가교회가 금정역 옆 버스 정거장 바로 뒤에 있다 보니 구걸하는 분들이 한 달에 수십 명이나 온다. 그들은 대다수 가짜 이름과 가짜 정보를 주었기에 그분들을 모두 기억한다는 것은 불가능했고 다만 그들이 왔을 때 내가 할 수 있는 최선을 다해 섬기고 기도하는 것이 전부였다. 그래서 나는 그를 금세 잊었다.

그런데 놀라운 일이 일어났다. 그 사건 후 6개월 정도 지난 날이었다. 청년들과 교회에서 성경공부를 하고 간단한 저녁 식사를 하고 있는데, 누군가가 조용히 교회 문을 열면서 들어왔다.

"목사님, 계십니까?"

그는 말쑥한 양복을 입었고, 말투가 부드러웠다. 처음 보는 사람이었다. 그러다 순간 내 머릿속에 번뜩 떠오르는 것이 있었다.

"혹시, 그때 그분?"

그랬다. 그때 그 걸인이었다. 지저분하게 자랐던 머리카락과 수염을 말쑥하게 자르고 깨끗한 옷을 차려입고 전혀 다른 사람이 되어 나를 찾아왔다. 그는 나를 만난 사건이 계기가 되어 새로운 삶을 살기로 결단했고, 지금은 지하철에서 물건을 팔고 있다고 했다. 나는 너무 놀랍고 감사해서 눈물이 나왔다. 사람이 변화되는 것처럼 목사에게 행복한 일이 있을까? 그는 장사가 생각만큼 잘 안 되지만 열심히 살고 있다고 했다. 나는 다시 한번 당시 수중에 있던 돈을 그에게 모두 주었다. 이번에는 적선이 아니라 삶이 변화된 한 사람을 축하하는 선물이었다. 아니, 더 정확하게 말해 그때도 이번에도 하나님의 긍휼이었을 뿐이다. 그 자리에 함께 있던 청년들은 나의 이야기, 아니 하나님께서 하신 이야기를 듣고 모두 깜짝 놀랐다.

이사야는 오실 메시아를 예언하면서, 그는 볼품없고 우리가 흠모할 만한 아름다운 것이 없다고 솔직하게 말했다. 그래서 사람들은 그를 대단하게 보지 않고, 솔직히 말해 무시했다(사 53:1-3). 우리가 천국에 가면 성화 속에서 보던 꽃미남 예수는 어쩌면 볼 수 없을지도 모른다.

이처럼 겉모습과 선입견으로 사람이나 상황을 판단한다면 우리는 절대로 역전의 삶을 살 수 없다. 중심을 볼 수 있는 눈이 열려야 한다. 아니, 아직 중심을 보진 못하더라도 일단 외모로 판단하는 태도부터 버려야 한다. 들리는 대로, 보이는 대로 판단하는 삶을 이제는 버려야 한다. 대신 고린도전서 13장에 기록된 아가페 사랑으로 다른 사람을 보고, 이해하고, 섬기기 위해 노력해야 한다.

　　오늘도 우리 삶에 예수님이 지나가신다. 외모에서 내면으로, 겉을 보는 사람에서 속을 보는 사람으로 변화되는 가장 빠른 길은 긍휼과 사랑이라는 역전의 길로 걸어가는 것뿐이다.

여덟 번째 적용

말씀을 삶으로 살아내기

1. 혹시 당신은 누군가를 만나면 빠른 속도로 위에서부터 아래로 스캔하고 성급하게 판단하거나 정죄하는 습관이 있지는 않은가? 그리고 그런 자신이 무척 예리한 판단력의 소유자라고 자부하고 있지는 않은가? 그런 모습을 하나님께서 보시면 뭐라고 하실까? 하나님께서 당신을 그런 식으로 대하신다면 어떨까?

2. 사람이 많이 모인 자리에서 다른 사람에 대한 비난을 하지는 않는가? 내 눈으로 하는 판단보다 하나님께서 어떻게 생각하실지를 생각해보는 훈련을 해보라.

3. 앞으로 사람을 만나거나 모임에 가게 되면 "주님, 당신의 눈을 주소서. 당신의 시각을 주소서. 당신의 마음을 주소서. 당신의 긍휼로 덮으소서. 당신의 사랑으로 감싸주소서" 하고 먼저 기도해보라. 분명히 달라진 마음과 분위기를 느낄 것이다.

5. 네 번째 길
손과 발로 행하여 믿음을 보이라

[14] 나의 형제자매들이여! 언제까지 머릿속 지식으로만
하나님을 믿는다고 할 것입니까? 누구든지 믿음이 있다고 하면서
행함이 없다면 무슨 유익이나 소용이 있겠습니까?
그런 믿음이 어떻게 자신을 구원하겠습니까?
[15-16] 예를 들어, 형제나 자매가 추운 날씨에 입을 옷도 없고
그날 먹을 음식도 없는데, 여러분 중 누구라도 그저 말로만
이런 불쌍한 사람들에게 "따뜻하게 입으시고 좋은 음식을
잘 챙겨 드세요"라고 말하고 실제로 필요한 도움을 주지 않는다면,
아무 유익도 소용도 없습니다.
[17] 이처럼 믿음도 지식만 있고 행함이 함께하지 않는다면
그것은 그 자체로 죽은 것입니다.
[18] 그래도 당신이 고집스럽게 지식만 추구하고 행함이 없는 신앙을
주장한다면, 나는 이렇게 말하고 싶습니다.
당신에게는 믿음이 있고 나는 행함이 있다고 합시다.
"당신은 나에게 행함 없는 믿음을 보여주십시오
(하지만 보여줄 수 없을 것입니다)!
그러면 나는 행함으로 나타나는 믿음을 보여주겠습니다!"
[19] 당신은 하나님이 한 분이라는 사실을 알고 있습니까?
이런 지식이 있다는 것은 좋습니다.

하지만 마귀에게도 그런 지식은 있고 또 실제로 두려워하기도 합니다. 그러나 마귀에게는 행함이 없습니다.
20-21 행함은 없고 지식만을 강조하는 가짜 그리스도인이여! 행함 없는 믿음이라는 것이 얼마나 무가치한 것인지 제가 보여드리겠습니다. 우리 믿음의 조상 아브라함이 그의 아들, 이삭을 제단에 바치는 행동을 하여 하나님께 의롭다는 인정을 받은 게 아닙니까?
22-24 다시 말해, 아브라함의 믿음은 그의 행함과 함께 나타난 것이며 행함으로 그 믿음이 완성되었습니다. 성경에 기록된 "이제 아브라함이 하나님을 믿었고 하나님은 그를 의롭게 여기셨으며 그는 하나님의 친구로 불렸다"라는 말씀이 이루어진 것입니다. 아브라함 이야기를 통해 우리가 깨닫는 진리는, 단지 지식적인 믿음이 있다고 의로워지는 것이 아니라 행함으로 이어질 때 의로워진다는 것입니다.
25 또한, 창녀인 라합도 여리고 성을 살피러 온 이스라엘 정탐꾼들을 목숨 걸고 환영해 돌보아줌으로써 여리고 성이 멸망할 때 구원을 받았습니다. 즉, 그녀에게는 지식만 있었던 것이 아니라 실제로 자기 지식대로 행함으로써 구원받은 것입니다.
26 결론적으로 말해 영혼이 없는 몸이 죽은 것과 마찬가지로 행함이 없는 믿음도 죽은 것입니다.

야고보서 2:14-26, MPT

어느 날 저녁, 마귀들이 한데 모였다. 예수 믿는 신자들의 영혼을 파괴하는 방법을 연구하기 위해 "어떻게 해야 그리스도인을 가짜로 만들 수 있을까?"라는 주제로 콘퍼런스를 열었다. 젊은 마귀들이 이런저런 방법을 제안했다. 재정적인 어려움을 주자는 의견도 있었고, 아예 불구로 만들어버리자는 과격한 주장까지 나왔다. 그러자 저 뒤에 앉아 있던 나이 든 마귀가 이렇게 말했다.

"간단한 방법이 있습니다. 교회도 나가고 은혜도 받고 감동도 받게 내버려둬도 됩니다."

그러자 젊은 마귀가 벼락같이 화를 냈다.

"아니, 지금 무슨 소리를 하는 겁니까? 미쳤습니까?"

하지만 늙은 마귀가 빙그레 웃으며 대꾸했다.

"대신 머릿속으로만 깨닫도록 하는 것입니다. 그 감격이 생각에서만 머물게 하는 것이지요. 손과 발로 그리고 행동과 삶으로 옮기지는 못하게 필사적으로 막아야 합니다."

그의 의견이 만장일치로 채택되었고, 그들의 전술은 오늘까지 이어지고 있다.

늙은 마귀의 이야기가 충격으로 다가오지 않는가? 말로 고백하기는 쉽다. 감동도 쉽게 받는다. 그러나 깨달음이 삶으로 이어지지 않는 경우는 허다하다. 나는 그렇지 않다고 한다면 내가 자주 하는 질문을 해보겠다. 이번 주 주일예배의 설교 제목이 무엇이었는지 기억이 나는가? 생각이 안 난다면, 그 내용이라도 기억하고 있는가? 다행히 기억하는 사람이 있다면 그에게 한 가지를 더 묻고 싶다.

"예배 때 들었던 그 말씀대로, 그 깨달음대로, 그 감동대로 살았습니까?"

솔직해 대답해보라. 가슴 아프지만, 이것이 우리의 실상이며 우리 신앙은 여기서 모든 것이 결정 난다고 해도 과언이 아니다. 예수님은 마가복음 4장에서 밭에 씨를 뿌리는 비유를 아주 중요한 어투로 말씀하셨다. 그리고 특별히 제자들에게 의미까지 설명해주시며 이 비유를 바로 알지 못하면 다른 비유도 깨달을 수 없다고 하셨다(막 4:13).

사람이 씨를 길가, 돌밭, 가시밭 그리고 좋은 밭이라는 다양한 밭에 뿌렸지만, 결론은 둘 중 하나다. 열매 맺은 땅 아니면 그렇지 않은 땅이다. 그 이유는 이미 잘 알고 있다. 《보이스 바이블 The Voice Bible》을 보면 마가복음 4장 20절을 이렇게 옮겼다. "이 사람들은 말씀을 듣고 받아들이고 묵상하고 행동에 옮겨, 열매를 맺었다." 감탄이 나올 만큼 좋은 번역이다. 삶으로 옮기지 않는 것은 다 허상일 뿐이다. 더 살을 붙이자면 좋은 밭에도 30배, 60배, 100배, 이렇게 세 종류가 있다. 그러므로 이 비유를 '네 가지 밭 비유'라고 하면 안 된다. 정확하게는 '여섯 가지 밭 비유'다. 불순종이 3가지, 순종이 3가지다. 순종에도 차이가 있다.

문제는 대다수 성도가 그저 머리로만 신앙생활을 하고 있다는 것이다. 받아 적을 것이 많은 설교, 지적으로 탁월한 교리가 담긴 설교, 처음 듣는 감동적인 예화나 목회자의 탁월한 화술에 감동받는 것이 좋은 예배인 것처럼 되었다. 많은 성도가 기도에 관한 책을 읽지만 실제로 기도하지는 않는다. 또한, 전도 세미나를 듣는 것으로 전도를 대신하고 있다. 지식이 필요 없다거나 기독교가 반지성적으로 가야 한다는 말이 아니다. 참 지식과 참 진리는 반드시 삶으로 이어져야 한다는 것이다. 적용 없는 설교, 실천 없는 신앙을 평안의 복음으로 위장하는 사람들을 보면 참으로 마음 아프다.

종교적인 지식도 많고 여기저기 참석한 집회는 많은데 정작 자기 삶은 몇 년 전과 다를 바가 없으며, 이제는 선생이 되어야 하는데 아직도 젖이나 먹고 있다면(히 5:12) 경건의 모양은 있으나 능력은 부인하는 자(딤후 3:5)가 아니고 무엇이겠는가? 조금 더 심하게 말하면 이런 사람이 이단이다(이단이란 단지 "끝이 조금 다르다"는 것이 아니라, "선택한다"는 말이다. heresy[이단]은 헬라어 *hairesis*에서 왔는데 이 단어는 "사상이나 원칙들, 파벌이나 일부분을 취하고 선택하는 행동"을 의미한다. 즉, 자기가 좋은 것만 선택한다는 말이다. 지식만 선택하고 삶을 선택하지 않으니 이단이 아니면 무엇인가?).

귀신도 경건에 대한 지식이 있고 두려움도 느낀다(2:19). 그렇다면 믿는다고 하면서도 전혀 행하지 않으면 그런 사람이 대체 귀신하고 다른 점은 무엇인가? 불신자와 다른 점은 무엇인가? 그래서 야고보는 믿음도 지식만 있고 행함이 함께하지 않는다면 그것은 그 자체로 죽은 상태(2:17)라고 못을 박는다. 영적인 용어를 알고 있다고, 교리에 탁월한 지식과 논리를 갖추고 있다고, 위대한 학자의 책을 읽거나 소장했다고, 교회에서 아무리 좋은 프로그램으로 양육을 받았다고 해도 삶이 되지 않은 것은 모두 허상일 뿐이다. 오히려 알면 알수록, 가지고 있으면 가지고 있을수록, 실제 삶과의 간격이 점점 벌어지는 것을 느끼며 괴리감만 더해갈 뿐이다.

많은 사람이 야고보서에서 이야기하는 '행함'은 로마서나 갈라디아서에서 말하는 '믿음으로 구원받는다'라는 것과 상반된다고 생각한다. 그래서 루터도 야고보서를 지푸라기처럼 하찮은 내용이라고 했다('지푸라기'라고 하니 느낌이 완화됐지만, 현대어로 옮기면 '쓰레기'라는 말이다!). 하지만 성경 일부가 아니라 전체를 보아야 한다.

믿음 안에는 원래 행함이 들어 있다. 행함이 믿음 없이 가능한 것인가? 로마서와 갈라디아서에 대한 잘못된 교리 해석은 차치하고라도 성경 해석에서 어떻게 몇 권만(그 안에서도 일부만) 중심에 놓고 나머지는 변두리 취급이 가능한가? 성경 전체가 말하는 소리를 조화롭게 통합해 들을 줄 알아야 한다. 사복음서부터 제대로 읽어보라. 예수님께서는 단 한 번도 '행함 없는 믿음'을 강조하신 적이 없다. 자신의 고집스러운 교리적 입장을 내려놓고, 예수님의 말씀을 다시 읽어보면 예수님은 오히려 삶으로 살지 않은 지식과 말씀에 잔혹한 비판을 쏟아 놓으셨다. 야고보서는 분명히 우리에게 구원의 큰 그림을 그리고 있고, 그 큰 그림은 철저히 믿음과 행함이 함께하여 온전한 신앙이 되어야 한다고 예수님과 같은 목소리를 낸다(2:22; 결국, 바울도 같은 이야기를 하는 셈이다).

야고보는 2장 14-26절에 걸쳐 행함 없는 믿음이 죽은 것임을 강조하고 있다. 그는 우리 믿음이 허탄한 것이 아니라 가치 있고 온전한 것이 되게 하고자(2:20, 22, 26) 두 명의 증인까지 불러들인다.

첫 번째 증인은 믿음의 조상 아브라함이다. 야고보는 아브라함이 창세기 22장에서 자기 아들을 바친 이야기를 예화로 든다. 아무리 하나님이 명령하셨다지만 100세에 낳은, 그야말로 자기 생명보다 귀한 아들을 제물로 드린다는 것은 보통 일이 아니다. 나도 마흔이 넘어 늦둥이를 낳아보니 아브라함의 마음을 조금이라도 이해할 수 있을 것 같다. 하물며 100세에 낳은 아들을 포기한다는 것은 얼마나 어려운 일이었을까? 그저 눈 한번 질끈 감는 것으로 선뜻 결단할 문제가 아니었다. 사실 아브라함은 아내 사라를 두 번이나 포기할 만큼 심약한 사람이지 않았는가? 그러나 아브라함은 머리와 가슴으로만 순종한 것이 아니라 삶으로 옮겼다. 유익이 없어도 이해가 안 돼도 철저하게 100퍼센트 순종했다. 신앙이 깊어지면 알게 되지만, 99퍼센트 순종은 조금 부족한 삶이 아니라 100퍼센트 불순종으로 끝나는 잘못된 신앙이다. 사울 왕은 그것을 우리에게 가슴 아프게 증명해주었다(삼상 15장).

그다음으로 야고보는 아브라함과 전혀 다른 출신을 두 번째 증인으로 세우는데, 바로 여호수아 2장에 등장하는 기생 라합이다. 아브라함이 유대인이고 남성이며 하나님의 특별하고 직접적인 음성을 들은 사람이라면, 라합은 이방인이고 여성이며 천한 직업 출신으로 간접적인 하나님의 음성에 응답한 가장 낮은 자리에 속했던 인물이다. 하지만 그녀 역시 새롭게 열릴 하나님 나라를 머리와 가슴으로 이해한 것에 그치지 않고, 삶으로 이어지게 했다. 심지어 목숨까지 걸었다. 더 이상 무슨 말이 필요하겠는가?

우리 가정은 다른 집과는 조금 다른 삶을 거의 20년 가까이 지속하고 있다. 우선 집에 텔레비전이 없고, 온 벽이 책으로 둘러싸인 집에서 아이들은 학교에 가지 않고 가정에서 부모가 선생 되어 하나님 말씀을 배우고 실천하는 홈스쿨링을 하고 있다. 많은 분이 홈스쿨링에 대해 문의하거나 도움을 청하지만 대부분 또 하나의 위탁시설을 찾는다. 하지만 홈스쿨링의 성패 여부는 자녀가 아니라 부모에게 달려 있다. 부모가 자녀를 제자 삼기 위해 가장 먼저 할 일은 삶으로 자녀에게 복음을 보이는 데 있기 때문이다. 그것이 안 되기 때문에 대다수 홈스쿨링은 실패한다. 게임하지 말라고 하면서 자신은 매일 스마트폰으로 게임하고, 텔레비전 보지 말라고 하면서 자신은 드라마에 매여 산다면 홈스쿨링은 실패할 수밖에 없다. 굳이 홈스쿨링을 하지 않더라도 귀한 하나님의 자녀로 양육하길 원한다면 부모는 말과 잔소리가 아니라 삶으로 모범을 보여야 한다. "삶으로 가르친 것만 남는다"라는 유명한 말은 그래서 공감이 된다. 교회도 공동체도 마찬가지다. 지식만 전하면 지식으로 끝나지만, 삶으로 가르치면 삶이 된다. 나아가 내가 바르게 진리를 알고 있다는 증거는 얼마나 많은 바른말을 많이 하고 책으로 쓸 수 있느냐가 아니라, 어느 정도까지 삶으로 보여줄 수 있느냐에 달려 있다.

세속적인 비유를 하나 들어보겠다. 어떤 목사가 주일날 재정적으로 어려운 성도들을 모아 놓고 간절히 기도하던 중에 갑자기 하나님께서 다음에 뽑힐 로또 번호를 알려주었다고 하자(물론 나는 로또를 하지 않는다. 그저 비유일 뿐이다). 그는 로또 번호를 정확히 받아 가난한 성도들에게 알려주고 그것이 몇 회이며 분명한 징조까지 확인했다. 그래서 성도들은 번호를 적어서 갔다. 하지만 번호가 아무리 정확해도 그들이 로또를 사지 않고 번호대로 적지 않으면 아무 일도 일어나지 않는다.

진리도 마찬가지 아니겠는가? 거룩한 회개와 변화를 가져오는 진리를 목회자가 제아무리 외치고, 그것을 받아 적고 눈물로 회개하고 다짐하고 셀 모임에서 고백해도, 돌아가서 단 한 줄도 '삶으로 옮기지 않으면' 아무 변화도 일어나지 않는다. 너무나 많은 성도가 "예수님을 믿지만 변화가 없다"고 한다. 그러면 나는 주일에 교회에서 들었던 말씀을 점검하고 그것을 어떻게 적용했는지, 다시 말해 삶으로 옮겼는지 물어본다. 그러면 아무 대답이 없다. 주일에 들은 하나님 말씀도 기억하지 못하고 설사 그것을 일부 기억하더라도 삶으로 옮겼다는 이야기는 듣기 힘들다. 그러면 나는 사랑을 가득 담아 가슴 아픈 이야기를 한다. "성도님, 그런 식으로 백 년 천 년을 믿어도 아무 변화가 일어나지 않습니다."

정말이다! 아무리 하늘에서 만나가 가득 내려와도 주우러 나가지 않으면 다 썩어 없어진다. 하나님이 아무리 홍해를 갈라주셔도 그 사이로 지나가지 않으면 애굽에서 노예로 사는 것이다. 하나님께서 아무리 은혜를 내려주셔도 삶으로 옮기지 않으면 아무 변화가 없는 것은 어쩌면 당연한 일이다.

길가 밭, 자갈밭, 가시밭은 우리가 선택한 것이지 하나님께서 만드신 것이 아니다. 여섯 가지 밭이라고 한 것처럼, 순종도 그 분량에 따라 열매가 다르게 맺힌다. 순종한 만큼 우리 삶은 달라진다. 살아낸 만큼 우리 삶은 달라진다.

이렇게 실천과 삶을 강조하면 어떤 사람들은 '행위로 얻는 구원'이라고 하면서 빠져나갈 궁리만 하는데, 하나님께서 이미 다 하신 일에 우리가 순종하지 않는다면 우리는 결국 나쁜 밭으로 남을 뿐이다. 믿음과 행함은 처음부터 분리된 것이 아니다. 믿음이란 곧 순종이기 때문이다.

아직도 수긍이 안 된다면 예수님의 말씀을 직접 들어보라.

> 내가 너희에게 행한 것을 너희가 아느냐 너희가 나를 선생이라 또는 주라 하니 너희 말이 옳도다 내가 그러하다 내가 주와 또는 선생이 되어 너희 발을 씻었으니 너희도 서로 발을 씻어주는 것이 옳으니라 내가 너희에게 행한 것같이 너희도 행하게 하려 하여 본을 보였노라(요 13:12-15).

예수님이 제자들의 발을 씻기며 하신 말씀이다. 여기서 밑줄을 그어야 하는 부분은 "너희도 행하게 하려 하여"이다. 예수님께서는 오셔서 우리의 더러운 발을 씻겨주시고 이 내용으로 책 쓰고, 설교만 하라고 하신 것이 아니다. 심지어 감동만 받으라고 하신 것도 절대 아니다. 우리도 그렇게 하라고 그렇게 하신 것이다. 주님은 우리가 실천하고 행하고 삶으로 옮기라고 말씀하신 것이다.

만약 오늘 받은 감동 중에서, 이번 주에 들은 설교 말씀 중에서 주님이 주신 감동과 은혜가 있었는데 행하지 않은 것이 있다면 이 책을 덮고 지금 당장 행하라! 규칙적으로 예배드리기, 기도하기, 말씀 읽기, 복음을 삶으로 증거하기, 섬기기, 용서하기, 사랑하기, 기다리기, 부모님과 이웃에게 나누기를 실천하라. 실천을 위해 가장 중요한 것은 분명한 시간과 장소를 정해야 한다는 것이다. 의지가 약한 사람은 여러 지체와 계획을 세워 함께하는 것도 좋다. 영적 지도자에게 중보기도를 부탁하고 체크 리스트도 만들어라. 좋은 밭 되기를 힘쓰라. 스스로 상과 벌을 결정하여 자극을 주는 것도 좋은 방법이다. 이처럼 삶으로 옮기려면 처음에는 무조건 몸부림을 쳐야 한다. 행동으로 옮겨야 하는 문제인데 그저 은혜만 받는 것으로 머물러서는 안 된다. 그것은 퇴보다. 하나님께서 주신 기회를 놓치고 나면 나중에는 후회밖에 남지 않는다.

우리가 실천해야 할 많은 일 중에서 무엇보다 시간과 마음을 들여 해야 할 일은 십자가에서 날마다 자신을 부인하고 주님과 함께 죽기를 힘쓰는 일이다. 내가 죽어야 주님이 산다. 혹시 이 글을 읽고 "그래, 내일부터 실천하자!"라고 속삭이는 마귀의 목소리가 들린다면 바로 지금 시작하자. 내일이면 너무 늦다!

아홉 번째 적용

말씀을 삶으로 살아내기

1. 최근에 하기로 하고 하지 않은 일, 읽기로 하고 읽지 않은 책, 만나기로 하고 만나지 못한 사람, 고치기로 하고 여전히 고수하는 나쁜 습관을 하나씩 적어보자. 왜 순종하지 않았는가? 무엇이 방해하고 있는가?

2. 지금 당장 해야 할 일 목록을 우선순위대로 적고, 하나님께 기도하며 힘을 구하자. 하면 할 수 있고 안 하면 영원히 못 한다. 하나님은 하고자 하는 자에게 할 힘을 주신다.

3. 영적 지도자나 함께 기도하는 사람들과 실천과 순종 목록을 만들어보자. 이번 주에 할 일과 이번 달에 할 일 그리고 올해 안에 할 일들을 정리해보자. 1년 52주 동안 한 주에 하나씩만 실천하더라도 1년 안에 놀라운 사람으로 변화될 것이다. 지금 당장 하자!

6. 다섯 번째 길
사망의 언어를 버리고 생명의 언어로 말하라

[1] 나의 형제자매들이여! 명예욕에 눈이 멀어 높은 위치에 올라, 가르치는 선생이 되려고 하지 마십시오. 이런 선생의 위치에 있는 사람이 하나님으로부터 더 큰 심판을 받게 된다는 사실을 여러분이 잘 알고 있기 때문입니다. [2] 사람이란 누구나 실수를 하기 마련인데, 말을 많이 해야 하는 높은 위치에 서면 당연히 더 많은 실수를 할 수밖에 없기 때문입니다. 물론 어떤 사람이 말을 하는 데 전혀 실수가 없다면, 그는 완전한 자이며 자신의 온몸도 조절할 수 있는 사람입니다. [3-4] 소나 말의 입에 재갈을 물리면, 우리는 그 동물의 몸 전체를 부릴 수 있습니다. 또한, 거대한 배도 항해사가 움직이는 아주 작은 키에 의해 그가 원하는 방향으로 나아갑니다. [5-6] 이처럼 혀도 몸에서 작은 지체이지만 큰 힘이 있습니다. 마치 작은 불이 큰불을 일으키듯 사람의 혀는 큰불을 일으키는 실마리가 되며, 매우 파괴적이고 치명적인 영향력을 전체에 끼칠 수 있습니다. 혀를 한번 잘못 사용했다가 인생 전체가 지옥불로 타버릴 수도 있습니다.

⁷⁻⁸ 세상의 모든 짐승은 적절한 시간만 투자하면 사람이
쉽게 길들일 수 있지만, 사람의 혀는 노력만으로 길들일 수가 없습니다.
그래서 혀는 변덕스러운 지체이고 치명적인 영향력으로 가득합니다.
⁹⁻¹⁰ 문제는 그리스도인조차 이 혀로 우리의 주인 되신
하나님 아버지를 찬양하기도 하고, 똑같은 혀로 하나님 형상으로
지어진 사람들을 저주하기도 한다는 것입니다.
결국, 한 입에서 찬양과 저주가 나옵니다.
나의 형제자매들이여, 이렇게 하는 것은 잘못이며
이렇게 되어서는 안 됩니다.
¹⁰⁻¹² 예를 들어, 하나의 샘에서 단물과 쓴 물이 동시에 나온다면
어떻게 되겠습니까? 또한, 좋은 과실나무에서
이상한 열매가 함께 맺히는 일은 도저히 상상하기 힘듭니다.
¹³ 말은 언어에서 끝나지 않고 결국 삶으로 이어집니다.
여러분이 참으로 지혜롭고 진정한 그리스도인이라고 자부한다면,
아름다운 언어가 아름다운 삶으로 이어지게 하십시오.
선한 삶의 모습을 통해 자신이 가진 그 지혜의 온유함이
입에서 출발해 손과 발로 이어지도록 하십시오.

야고보서 3:1-13, MPT

조선 시대 어느 마을에 푸줏간을 하는 김돌쇠가 살고 있었다. 어느 날 오후에 한 양반이 찾아와 퉁명스럽게 말했다.

"야, 돌쇠 놈아! 쇠고기 한 근 내놔라!"

김돌쇠는 능숙한 손놀림으로 쇠고기 한 근을 자르고 묶었다. 그러는 동안 한 아낙네가 찾아와 부드럽게 말을 건넸다.

"김 서방, 돼지고기 한 근만 썰어 주시구려."

김돌쇠는 다시 칼을 잡아 돼지고기를 잘랐다. 그런데 양반이 주문했던 쇠고기보다 훨씬 컸다. 그러자 양반이 화가 잔뜩 난 목소리로 김돌쇠에게 말했다. "야, 이놈아. 똑같은 한 근인데, 어째서 내 것은 작고 저 아낙의 것은 더 크냐?"

그러자 돌쇠는 이렇게 우문현답을 했다.

"아까 쇠고기는 돌쇠 놈이 잘라서 그렇고요, 이 돼지고기는 김 서방이 잘라서 그렇구먼유."

누구나 한번은 들어봤을 이야기다. 이처럼 말이란 참 중요하다. 야고보서 2장에서 진짜 믿음은 머리와 가슴에만 머무는 것이 아니라 삶으로 옮기는 실천력 있는 행동이라고 강조했다. 그렇다면 가장 먼저 삶으로 옮겨야 할 출발점은 어디일까? 바로 입이고 혀가 그러하다. 즉, '말'이야말로 행동의 첫 단추다. 사람이 바뀌면 가장 먼저 말이 바뀌고, 그렇게 입은 변화된 존재의 첫 번째 증명 기관이 된다.

물론 말은 누구나 쉽게 할 수 있다. 하지만 내가 한 말이 가져오는 결과는 엄청나다. 한번 내뱉은 말은 쏟아진 물과 같아 다시 담을 수도 없고, 돌이킬 수도 없다. 그래서 진짜 영성은 입술에서 시작된다. '무슨 말을 하는가'에 따라 한 사람의 됨됨이가 결정된다. 뿐만 아니라, 말은 한 사람 안에 머물지 않고 주변 사람과 공동체 전체에 영향을 미친다. 따라서 은어나 속어를 자주 쓰는 목회자 후보생이 있다면 그 언어 습관을 빨리 고쳐야 한다. 그러지 않으면 목사가 되어서도 강단에서 서슴없이 싸구려 표현을 남발하게 될 것이다. 유명한 번역가나 탁월한 설교자라는 분들이 저속한 표현과 부정적인 단어를 쓰는 것을 볼 때면 참으로 안타깝다. 독자나 청중의 시선을 사로잡으려는 방법으로 이따금 재미있는 표현이나 사투리 및 세상 언어를 인용하는 것이야 설교의 양념이 되겠지만, 자신이 조절도 못하여 쉽게 반말, 욕, 거친 언어 그리고 그 뜻도 정확하게 모르는 유행어와 속된 말을 툭툭 내뱉는 설교자들은 결국 스스로 발등을 찍는 결과를 낳는다. 내용이 표현과 어떻게 분리될 수 있겠는가?

가정에서는 부모의 언어가 무척 중요하다. 인터넷과 개그 프로그램에서 등장하는 싸구려 표현에 익숙해진 부모와 기성세대의 언어는 금세 자녀와 다음 세대의 언어를 변질시킨다. 한 가지 예를 들면, 여기저기에서 자주 사용하는 '대박'이라는 말과 '헐'이라는 말을 짚고 넘어가고 싶다. 목회자들조차 이런 표현을 입버릇처럼 사용하고 있다. 나는 우리 아이들과 교회 성도들에게 이런 말을 절대 쓰지 못하게 한다. 그 이유를 짧게 설명하면 이렇다(이것은 언어학적인 연구 결과이기도 하다).

먼저 '대박'에서 '박'은 도박 용어로, 사람이 성실하고 수고로이 일하여 돈을 번 것이 아니라, 도박과 같은 요행과 사기로 큰돈을 번 것을 말한다. 그렇게 요행으로 크게 판돈을 딴 것을 '대박'이라고 했고, 이것은 원래 음지의 언어였다. 그런데 누군가가 텔레비전에서 주야장천 쓰다 보니 국어사전에도 없는 이 표현이 수많은 사람의 입에서 회자되고 그리스도인까지 이런 말을 아무 거리낌 없이 쓴다. "목사님, 이번 설교는 '대박'이었어요." 이 말은 설교자가 제대로 준비하지 않고 요행으로 설교를 잘했다는 말이다. 그것이 합당한 표현인가? 자신들이 익히 쓰고 입버릇이 되었기에 목사들조차 좋은 의미라며 합리화하려고 하지만, 이것은 참으로 궁여지책이 아닐 수 없다. 가령 하나님께서 하신 일에도 '대박'이라고 말할 수 있는가? 교회 이름을 '대박 교회'라고 하는 목회자가 있겠는가?

왜 좋은 표현이 많이 있는데, 굳이 뿌리도 건강하지 않은 이런 말을 계속 사용하는지 안타깝다. 이런 표현을 쓰지 말아야 할 가장 큰 이유는 성경과 복음의 근본정신과 어긋나기 때문이다. 하나님의 법칙은 심고 거두는 것이다. 하나님의 일은 성실하게 섬기고 나누는 과정에서 진행되는 것이지 갑자기 하루아침에 요행이나 복권처럼 인생이 바뀌는 것이 아니다. 그런 변화는 항상 위험하고 언제든 무너진다. 그러므로 대박이라는 표현 하나만이 아니라 그런 정신세계 전체를 우리는 단호하게 거절해야 하며, 그래서 말 한 마디, 표현 하나에도 복음의 가치와 성경 진리가 녹아 있는 것을 선택해야 한다.

또한, '헐'이라는 단어는 한자어가 아니라 순우리말인

'허'(비어 있음)와 '얼'(마음이나 정신)의 합성어다. 쉽게 말해, 정신이나 마음이 비거나 미친 상태를 나타내는 몹시 나쁜 표현이다. 문제는 언어가 단순히 한 마디 말로만 그치지 않고 영향력이 있다는 점이다. 칼로만 사람을 죽이는 것이 아니다. 말 한 마디가 사람을 죽이기도 하고 살리기도 한다. 영적인 위치에 있는 성직자와 성도들이 세상의 소금과 빛이 되려면, 우선 말하는 것부터 달라져야 한다. 어떤 말을 하느냐에 따라 한 영혼을 그리스도께 인도할 수도 있고 실족하게 만들 수도 있다.

그렇다면 주님을 믿는 우리의 입에서는 바른 언어를 뛰어넘는 '생명의 언어'가 나와야 마땅하다. 자기가 쓰는 말과 표현을 점검하길 바란다. 그런 표현을 계속 쓴다면 하나님이 기뻐하실지를 생각하길 바란다.

마지막으로 요즈음 '개'라는 형용사를 앞에 많이 붙인다. 특히 중고등학생 입에서 이 단어가 떠나질 않는다. '아주 좋다'라는 말 대신 '개 좋다'라고 한다. 동물에 대한 부정적인 평가를 하려는 것은 아니다. 그러나 한국인의 근본 정서에서 '개'라는 접두 형용사가 붙으면 모든 것은 부정적인 명사 군으로 들어간다. 그래서 '개고생'(이 말도 안 좋은 표현이지만)은 좋지 않은 고생을 했다는 말이다. 그런데 이 부정적인 형용사가 모든 표현에 다 들어가고 있다.

소위 청년 목회를 한다고 하면서, 젊은이들과 언어적 연결점을 찾는다면서 온갖 더럽고 악한 말을 아무렇지도 않게 내뱉는 사역자가 있는데 빨리 정신 차려야 한다. 그런 행동은 젊은이들과 연합되는 것이 아니다. 설교와 생명의 언어는 그런 언어를 뛰어넘어야 한다.

이런 표현을 주야장천 쓰면서 끝까지 합리화하려는 사람이 있다면 마태복음 5장 22절을 읽어보라. "형제에게 노하는 자마다 심판을 받게 되고 형제를 대하여 라가[머리가 빈 녀석]라 하는 자는 공회에 잡혀가게 되고 미련한 놈이라 하는 자는 지옥 불에 들어가게 되리라." 그런데도 계속 그런 표현을 주장할 것인가? 굳이 욕과 악한 말을 꼭 쓰고 싶다면 사탄에게 쓰라! 하나님과 사람에게는 쓰지 말라.

우리는 분명 떡으로만 살지 않고 하나님의 입에서 나오는 모든 말씀으로 산다(마 4:4). 예수님은 그 생명력 넘치는 말씀으로 악성피부병 환자, 하반신 장애인을 비롯하여 수많은 병자를 고치셨고, 죽은 자를 살리셨다. 말씀으로 바람과 파도를 잠잠하게 만드셨으며, 귀신도 물러가게 하셨다. 어떤 말은 하나님 나라가 이곳에 임하게 하지만, 어떤 말은 하나님의 성령을 훼방하여 삶의 자리를 지옥으로 바꾸고, 예수님께 "사탄아 물러가라!"는 호된 꾸지람을 받을 수도 있다.

생명의 언어에는 생명 되신 '그 말씀', 곧 예수 그리스도가 담기고, 사망의 언어에는 '속이고 빼앗고 죽이는 그 말'이 담겨 바로 사탄이 틈타는 기회가 된다. 그러므로 가르치는 위치, 즉 선생의 자리에 오르려는 사람은 언어가 가진 이 놀라운 능력과 비밀을 알아야 한다. 그저 말만 했을 뿐이라고 핑계 대서는 안 된다. 우리의 첫 번째 행위인 말에서 심판이 시작되고, 특히 그러한 말을 가장 많이 한 존재, 이를테면 선생, 목사, 전도사 그리고 지도자에게는 큰 심판이 있기 때문이다(3:1). 작은 사람에게 냉수 한 그릇을 대접한 것에 대해서도 평가를 받는데, 작은 말 한 마디를 하나님이 평가하실 것을 왜 생각하지 못하는가?

그렇다면 야고보는 말에 대해 어떻게 이야기하고 있을까? 지금부터 야고보의 시각과 논리에 따라 그의 메시지에 담긴 흐름을 살펴보자. 야고보는 말 즉 혀에 대해 3가지를 분명하게 말하고 있다. 첫째, 말(혀)에는 긍정적으로든 부정적으로든 매우 강한 능력이 있다. 둘째, 이 강력한 말(혀)은 조절하고 훈련하기가 참 어렵다. 셋째, 그래서 우리는 그 말(혀)을 조심스럽고 바르게, 특히 일관되고 분명한 방향으로 사용해야 한다. 하나님 말씀을 배우고, 말씀대로 훈련하며, 말씀을 따라 살아야 하는 이유가 여기 있는 것이다.

첫째, 말의 능력을 보자. 사실 크기만을 따지자면, 혀는 우리 몸에서 매우 작은 지체다. 하지만 작은 불씨가 온 산을 다 태우듯 그 영향력은 너무나 크다. 작은 재갈로 달리는 말을 제어하고, 사공은 작은 키로 큰 배를 움직이듯(3:3-4) 조그마한 혀는 한 사람의 인생 전부를, 심지어 한 민족 전체를 움직일 힘이 있다.

둘째, 말의 어려움을 생각해보자. 많은 사람은 그저 누구나 쉽게 말할 수 있다고 생각한다. 그러나 바르고 정확하게 말하는 것은 상당히 어렵다. 사람이 타는 말馬이나 온갖 종류의 짐승은 사람이 길들이고 조절할 수 있지만, 세 치밖에 되지 않는 혀는 능히 길들일 사람이 없다(3:7-8). 훈련이 되지 않아 자기 마음대로 혀를 놀리면, 그 말은 불의한 세계를 만들고 온몸을 더럽히고 인생을 불살라서 결국 지옥 같은 결과를 내고 만다(3:6).

더 심각한 상황은 한 입에서 선한 말과 악한 말이 섞여 나오는 것이다. 힘들게 물통을 지고 약수터까지 올라갔는데, 처음에는 달고 시원한 물이 나오더니 잠시 후에는 쓰고 미지근한 똥물이 나온다면 큰일이 아닌가? 두 가지 물을 섞으면 어떻게 될까? 반만 달고 반만 쓴 것이 아니라 결국, 전체가 쓴맛이 나는 썩은 물이 된다. 선한 것과 악한 것이 섞이면 결국, 악한 것이 되고 만다. 섞으면 썩는 것이다.

우리는 보통 이런 식으로 말한다. "원래 내가 좋은 말을 훨씬 더 많이 해. 어쩌다가 나쁜 말 몇 번 하는 거야." 분량이나 빈도로 타협하는 것이다. 하지만 확률과 통계가 항상 진리와 연결되지는 않는다. 야고보는 무화과나무가 감람 열매를 맺을 수 없고 포도나무가 무화과를 맺을 수 없듯이, 한 우물에서 짠물과 단물이 동시에 나올 수 없다고 단언한다. 이 말은 한 입으로 찬송을 하다가 상황이 바뀌면 저주의 말을 토하는 사람이 되어서는 안 된다는 뜻이다. 그러므로 찬송을 하던 사람이 저주의 말을 한다면 그는 저주하는 사람과 똑같이 되고 만다. 결국, 모든 사람은 그 내면 안에 가득한 것을 밖으로 보내는 것이다(3:10-12). 예수께서 분명히 말씀하셨듯 본래 마음에 가득하던 것이 입으로 나온다(마 15:18, 12:34).

셋째, 가장 중요한 것은 "말을 어떻게 해야 하는가?"이다. 가끔 우리는 어떤 명제나 내용을 거꾸로 읽을 만한 상상력이 필요하다. 말의 파급력이 이렇게 강력하고 관리하기 힘들다면, 거꾸로 이 말과 혀를 잘 관리할 때 얻는 폭발적이고 긍정적인 능력을 상상해보라는 것이다. 우리가 만약 이 혀를 절제하고 잘 관리하여 온전하게 말할 수만 있다면, 그런 사람이야말로 온몸과 삶을 규모 있게 바꿀 수 있으며 하나님 앞에 온전한 사람이 될 수 있다(3:2). 주님은 말씀하셨다. "그러므로 하늘에 계신 너희 아버지의 온전하심과 같이 너희도 온전하라"(마 5:48). 세상 모든 것에는 욕심을 내면서 믿음에 있어서는 왜 정상에 올라가길 두려워하고 꺼리는가? 나도 한번 온전한 언어와 혀를 가지고 하나님을 감동하게 하고 세상을 변화시킬 말을 해보자는 선한 욕망을 품고 기도해보는 것은 어떤가?

말이 이처럼 중요하기에 야고보는 말과 혀를 관리하고 사용하는 법을 상세히 제안한다(3:13-18). 다시 말해, 사망의 언어를 생명의 언어로 역전시키는 비밀을 소개한다. 우리는 이미 야고보서 1장 5절을 통해 '고난'이라는 삶의 기울기를 극복하려면 지혜가 필요함을 알았다. 마찬가지로 생명의 언어가 삶이 되고 실재가 되려면 역시 지혜가 필요하다. 바로 그 지혜가 하늘에서 내려온 지혜다.

마음에 가득한 생각이 결국 입에서 말로 나오는 것이라면, 마음속에 무엇이 있는지를 점검해야 한다. 우리 마음속에는 두 가지 지혜가 있다. 하나는 아래로부터 시작되는 세상 지혜다. 이는 정욕적이고 마귀와 같고 시기와 다툼을 유발하며 요란하고 악한 결과를 지향한다. 결국, 이 지혜는 독한 시기와 다툼 그리고 자랑과 거짓의 언어가 되어 입 밖으로 나온다. 이렇게 세속적인 지혜가 가득한 마음에서 흘러나오는 언어를 듣고 싶다면, 멀리 갈 것 없다. 창문만 열면 매일같이 사람들의 입에서 나오는 온갖 험한 말을 들을 수 있다. 무엇보다 하나님 말씀과 지혜로 충만하지 않을 때 마음속에서 뱀처럼 꿈틀꿈틀 올라오는 말들이 바로 세속적인 지혜의 언어다.

나머지 하나는 하늘의 지혜다. 하늘로부터 내려오는 지혜는 거룩하고, 사람들 사이에서 화평을 이루며, 남을 배려하는 관용과 어머니가 젖 먹는 아이를 보듬어 안는 듯한 양순함을 지녔다. 또 어머니가 자궁에 담긴 자녀를 불쌍히 여기는 것과 같은 긍휼함이 가득하고, 외모로 왜곡되거나 자신의 이기적 욕망에 따라 편애하는 등의 거짓됨이 없는 지혜다. 결국, 이 지혜가 말이 되어 입 밖으로 나오면 심은 그대로 거두는 축복의 결실이 열리는 것이다. 야고보서 3장 18절을 나는 이렇게 옮겼다. "진정한 그리스도인은 이러한 지혜로 말하고 살아감으로써 평화를 이루어내는 사람입니다. 그들은 평화의 씨앗을 뿌림으로 하나님께서 기뻐하시는 삶, 곧 의로운 열매를 거둡니다."

성경은 참된 지혜가 언제나 하나님을 경외하는 자리에서 나온다고 말한다(잠 1:7, 9:10). 그러므로 우리 입술이 하나님의 도구가 되기 위해 항상 하나님을 경외하는 예배의 자리, 말쏨의 자리, 순종의 자리에 오래도록 앉아 있어야 한다. 규칙적이고 신실한 신앙생활은 매우 중요하다. 끊임없이 나의 입술과 말을 위해 기도하고, 하나님이 기뻐하시는 언어들을 연습하라. 하루에 감사를 백 번, 칭찬을 2백 번 그리고 용서를 3백 번씩 하라. 무엇보다 말씀을 많이 읽고 암송해야 한다. 수시로 성령님께 입술을 주장해 달라고 말하며, 말하기 전에 "성령님, 무슨 말을 할까요? 저에게 하늘의 지혜를 주세요"라고 기도해야 한다. 각자 자기 입에 파수꾼을 세우는 것이 중요하다(시 141:3). 참된 지혜를 받아 선한 말과 온유한 말을 하는 것이 거룩한 습관이 되어야 한다(3:13). 말하지 않는 것이 덕이 된다면 차라리 입을 다물어야 한다.

나와 아내는 2년의 연애 끝에 결혼하여 지금까지 17년 넘게 살고 있다. 자랑 하나를 하자면, 우리 부부는 그동안 한 번도 싸운 적이 없다. 믿기지 않을 수도 있겠지만 사실이다. 물론 속상하고 기분 나쁜 날도 분명 있었다. 그러나 우리는 두 마디 이상 서로 의견 대립을 하거나 언성을 높이거나 화가 난 상태로 하루를 넘겨 본 적이 없다. 비결이 무엇일까? 내가 나를 잘 알고 있으니, 나 때문이 아닌 것은 확실하다. 결국, 우리 부부 사이에 평화가 유지되는 비결은 전적으로 아내 덕분이다. 더 정확하게 말하면 아내가 사용하는 아름다운 언어 덕분이다.

결혼을 하고 2년쯤 지났을 때였다. 지금 돌아보면 이유를 알 수 없지만, 그날 내 입에서는 땅의 지혜에서 출발한 사망의 언어가 튀어나와 아내를 향해 화살처럼 날아갔다. 선전 포고를 한 셈이다. 그런데 아내는 잠시 숨을 고르더니 이렇게 말했다.

"여보, 만약 제가 그 말에 당신과 똑같이 대답한다면, 당신은 화가 나서 더 심한 말을 하겠지요? 그러면 저도 그 말을 받아서 더 독한 말을 할 거예요. 그러면 우리가 지난 시간 서로 존중하고 사랑했던 시간이 파괴되지 않을까요?"

순간 나는 아차 하는 마음이 들었고, 아내에게 나의 경솔함을 사과했다. 나는 그날 아내가 한 말을 결코 잊을 수 없다. 아내의 입에서 나오는 아름다운 말을 들을 때마다, 나는 내가 아닌 아내가 설교해야 한다는 생각이 든다.

하나님의 지혜가 가득한 생명의 언어를 구사하는 사람이 점점 늘어난다면, 내 옆의 죽어 가는 영혼이 살아나고, 가정과 직장과 교회에는 하나님 나라가 풍성하게 임할 것이다. 그래서 나는 주례하기 전에 예비 신랑 신부와 여러 번 만나서 아름다운 가정을 위한 특강을 나누는데, 첫 시간에 언어를 다룬다. 그러면서 꼭 하는 말이 있다.

"부부생활을 아름답게 지켜내는 가장 핵심적인 요소로는 말이 거의 전부입니다. 특히 상대방의 집안에 대해 절대로 비난하지 마세요. 남편에게는 존경의 언어를, 아내에게는 사랑의 언어를 말하도록 훈련하고 자주 말해주세요. 내가 하고 싶은 말이 아니라 상대방이 듣기 좋게 말하는 연습을 평생 해야 합니다. 돈이 없을 때도 있고 건강이 나쁠 때도 있을 것입니다. 모든 것을 그만두고 싶을 때가 찾아오더라도 말 한 마디만 서로 잘하다면 새롭게 시작할 힘을 얻습니다. 그 말에 예수님이 담기도록 최선을 다해보십시오. 여러분은 평생 행복하게 살 것입니다." 그러면 예비 부부의 눈동자는 아름답게 빛난다.

아내는 자주 나에게 묻는다. "여보, 내가 하는 말 중에 무엇을 고쳐야 할까요?" 하지만 나는 그 말이 이렇게 들린다. "당신의 말 중에 무엇을 고쳐야 할지 점검하세요!" 혹시 주위에 험한 말과 사망의 말로 가득 찬 사람이 있다면, 나부터 생명의 언어로 사망의 언어를 이기고 상황을 역전하는 것이 어떨까? 우리 가족은 자주 하나님께 묻는다. "주님, 지금 뭐라고 말해야 할까요?" 우리가 회당과 위정자들 앞에 억울하게 끌려가는 상황을 만난다면, 아무렇게나 말하지 말고 성령님이 주시는 말씀을 기다리라고 하셨다(눅 12:11-12). 즉, 우리 입술을 하나님 뜻에 맡기라는 것이다.

이처럼 진짜 그리스도인이 되려고 결심했다면 우선 말부터 바꾸어야 한다. 하나님께서 주시는 말보다 더 아름답고 때에 맞는 것은 없다. 핑계 대려고 하지 말고 진심을 담은 용서의 언어를 사용하며, 혈기를 버리고 부드러운 말을 연습하라. 누군가 실수했을 때 "이 부분이 잘못되었네요"라고 하면서 사실을 말해야지 "너는 구제 불능이야!"라면서 정죄를 해서는 안 된다. 이런 행동은 사실을 왜곡한 것이며, 부분으로 전체를 싸잡아 비난하는 바보 같은 행동이다.

또한, 우리는 사실을 말하고 배려하는 말을 해야 한다. 아이들이 수학 시험에서 60점을 받아 오면, "60점을 받았구나?"라고 해야지, "이 멍청아! 공부 안 하고 핸드폰만 붙잡고 살더니 그럴 줄 알았다!"라고 하는 것은 지혜롭지 않다. 이런 언어는 하나님의 영역을 침범하는 것이다. 특히 아버지들은 퇴근 후 집에 갔을 때 분위기를 험하게 만드는 말을 하지 않도록 주의해야 한다. 특별히 유머 감각을 익히고, 배려심이 담긴 말을 하면서 자녀들에게 존경받을 만한 언어 습관을 기르도록 훈련해야 한다.

그리고 자매들이여, 말을 아끼자. 너무 많은 말은 시간과 관계 파괴의 원인이 될 수도 있다. 잠들기 전, 하루에 한 말들을 돌아보고 회개하자. 무엇보다 성령님께 지혜를 구하여 내 입에서 생명의 언어가 나가도록 기도하자. 좋은 영화를 보고 아름다운 글을 읽고 성경을 암송하는 것도 좋은 방법이다.

하루는 내가 너무 힘든 나머지 들어 집에 들어가자마자 이런 말을 한 적이 있었다.

"휴, 오늘은 너무 힘이 들어 낙심이 되는구나."

그러자 당시 여덟 살이던 딸 아이 다소가 작은 종이에 빌립보서 4장 6절 말씀("아무것도 염려하지 말고 다만 모든 일에 기도와 간구로, 너희 구할 것을 감사함으로 하나님께 아뢰라")을 외어 써주었다. 그리고 당시 일곱 살 된 건이는 이런 복음 성가를 불러주었다. "낙심 말고 주님과 함께 전진하라! 우리 대장 되신 예수님, 모든 것을 지키시리!"

그림을 잘 그리는 다연이가 그때 있었더라면, 스케치북에 낙망이라고 크게 쓴 후에 그보다 더 크게 '엑스'(×)자를 그어 건네주며 "아버지! 예수님의 이름으로 빨리 낙망을 물리치세요!"라고 했을 것 같다.

그 순간 얼마나 부끄럽던지. 이처럼 생명의 언어는 가만히 귀를 기울이면 사방에서 들린다. 이제는 내가 그 통로가 되어야 할 것이다. 내 안에서 시작된 생명의 언어가 나를 먼저 변화시키고 이후에 나에게 연결된 모든 사람에게 전달되어 그들까지 변화시킬 것이다.

내가 진실로 진실로 너희에게 이르노니 내 말을 듣고 또 나

보내신 이를 믿는 자는 영생을 얻었고 심판에 이르지 아니하나니 사망에서 생명으로 옮겼느니라 (요 5:24).

내가 너희에게 이른 말은 영이요 생명이라 (요 6:63).

열 번째 적용

말씀을 삶으로 살아내기

1. 당신이 자주 쓰는 말을 적어보자. 자주 쓰는 비어와 속어, 감탄사, 관용어도 잊지 말라. 자신의 언어 습관을 잘 모르겠다면 가족이나 친구에게 물어보라. 하루 정도 자신의 말을 녹음해도 좋다.

2. 말할 때, 잠시 멈추어 하나님께 지혜를 구하는가? 세상 지혜로도 세 번 생각하고 한 번 말하라고 한다. 성령님께 여쭈어보고 기도한 후에 대답하고 말하는 일을 한 번만 경험한다면 많이 달라질 것이다.

3. 내가 당장 버려야 할 천하고 세속적인 말을 점검해서 하나님을 더 기쁘시게 하고 사람을 살리는 말로 바꾸어보자. 습관이 되도록 훈련해보자.

4. 일기나 짧을 글을 정기적으로 써보자. 인터넷에 돌아다니는 싸구려 표현이 아니라 누구나 읽고 영혼에 힘을 얻을 정도의 글을 소리 내어 읽고 적어보자.

7. 여섯 번째 길
땅의 욕망을 하늘의 욕망으로 전환하라

¹ 왜 여러분 안에서 싸움과 다툼이 일어나는지 아십니까?
여러분의 육체적인 욕망을 어떻게든 채우려는
탐욕스러운 땅의 갈망이 너무도 강하기 때문입니다.
물론 사람의 갈망 자체가 다 나쁜 것은 아닙니다.
² 핵심은 사람을 죽이고 살인하고 온갖 인간적인 방법을
다 사용해도 육체에서 일어나는 욕망을 결코 채울 수 없다는 것입니다.
보아도 먹어도 입어도 만족하지 못합니다. 더 나아가,
우리에게는 이런 악한 갈망뿐 아니라 선한 갈망도 있는데,
이런 것들은 왜 이루어지지 않을까요? 그 이유는 무엇보다 모든 것을
기도로 시작하지 않기 때문입니다.
³ 그렇다면 기도로 시작했는데도 얻지 못하는 이유는 무엇일까요?
과정과 목적이 잘못되었기 때문입니다. 잘못된 방식과 목적으로
기도를 이어가고 있기 때문입니다. "주시옵소서!"라고
간절히 기도하지만 결국 하나님 나라와 뜻이 아닌
자기 정욕과 욕망을 채우려 하기 때문입니다. 그러므로 이제 우리는
모든 기도의 시작과 과정과 목적을, 거기 더해 갈망 자체까지
하나님께 넘겨 드려야 합니다.

⁴ 하지만 여전히 하나님도 믿고 세상도 사랑하는, 창
녀 같은 신앙을 가진 성도들이여! 여러분은 알지 못합니까?
세상과 친구가 되는 것은 하나님과 원수가 된다는 사실을 말입니다.
이것은 매우 교만하고 이중적인 삶입니다.
우리는 둘 다 사랑할 수 없습니다.
누구든지 세상과 친구가 되고자 한다면 하나님과 원수가 됩니다.
⁵ 아울러 "우리 안에 거하시는 성령님께서 당신의 사람들을
질투하듯 사랑하신다"(마치 사랑하는 사람이 자신만 바라봐주길 원하
는데 오히려 다른 사람을 좋아할 때 그 연인을 향해 시기하듯이)라는
말씀이 그저 듣기 좋은 표현에 불과하다고 생각합니까?
(아닙니다. 실제로 그렇습니다. 하나님은 우리를 너무 사랑하셔서
우리가 다른 것에 눈독을 들이면 질투하십니다!)
⁶ 이제는 하나님만을 향해 더 큰 사랑과 은혜를 구합시다.
하나님만을 향하며 겸손의 길을 걸어야 합니다.
하나님께서는 "교만한 자를 대적하시고 겸손한 자에게 은혜를 주신다"
라고 하셨기 때문입니다.
⁷ 그러므로 여러분은 하나님께 순종하는 삶을 사십시오.
마귀를 대적하십시오. 그러면 마귀가 여러분에게서 도망갈 것입니다.
⁸ 여러분은 하나님을 가까이하십시오.
그러면 하나님도 가까이하실 것입니다.
습관적인 죄에 빠져 있는 그리스도인이여!
손으로 하는 모든 일을 깨끗하게 하십시오.

두 마음을 품은 그리스도인이여!
여러 방향으로 갈라지는 마음을 하나로 모아 거룩하게 하십시오!
9-10 슬퍼하십시오! 애통해하십시오! 통곡하십시오!
여러분의 웃음을 애통으로 바꾸십시오.
즐거움을 근심으로 바꾸십시오. 모든 교만한 태도를 회개하십시오.
돌이키십시오! 주인 되신 하나님 앞에서 겸손히 자신을 낮추십시오!
그러면 하나님께서 여러분을 높이실 것입니다.

야고보서 4:1-10, MPT

사람은 누구나 갈망, 욕망 그리고 소욕所欲이 있다. 아무것도 하고 싶지 않은 사람도 '하기 싫다'는 갈망이 있고, 다 그만두고 스스로 삶을 마감하는 사람도 '죽으려는' 욕망이 있는 것이다. 그 크기와 강도가 다를 뿐이다.

실제로 있었던 이야기다. 평소 늘 이렇게 말하는 시어머니가 있었다. "이제 나는 늙어서 옷에는 전혀 관심 없다. 아무 옷이나 입어도 상관없어." 그런데 어느 날 며느리가 백화점에 시어머니를 모시고 가서 예쁜 옷을 사 드리려고 눈에 띄는 것을 하나 들어 올렸더니, 그 순간 지금까지 아무 관심 없어 보이던 시어머니가 뒤에서 이렇게 말했다고 한다.

"애야, 그래도 저쪽에 있는 빨간색이 더 예쁘구나."

초등학교 시절, 나는 마늘과 사과가 유명한 경상북도 의성에 살았다. 당시 주일 아침마다 내 마음은 두 가지 욕망에 사로잡혔다. 하나는 주일 아침에만 특별히 방송되는 만화 영화를 보는 것이었다. 그런데 그 만화는 하필 예배 시작 30분 전에 시작하여 예배 시작 후 30분 뒤에 끝났다. 그래서 언제나 한참 재미를 붙일 때쯤 일어나 교회에 가야 했다. 어린 나이에 그것은 예수님이 광야에서 받으신 세 번의 시험에 버금가는 일이었다. 그리고 두 번째는 교회 정문 100미터 앞에 있는 장난감 가게였다. 마치 아이들 헌금이라도 노리는 듯 주일 아침마다 장난감 특가 세일이 진행되었다. 평소 갖고 싶었던 장난감 가격이 주일마다 (어머니가 주머니에 넣어주신) 헌금 액수와 같아졌다. 헌금하지 않으면 장난감을 살 수 있었으니 어린 내가 주일 아침마다 예배드리고 헌금한다는 것은 철저히 자기 욕망을 제어해야 하는 험하고 거친 가시밭길이요, 영적 전쟁이었다.

그러던 어느 주일 아침이었다. 평소에 늘 100원씩 헌금하라고 주시던 어머니께서 웬일인지 그날은 2배인 200원을 주셨다. 그날도 예배 시간 10분 전까지 만화 영화를 보다가 텔레비전을 끄고 교회로 달려갔다. 그리고 어김없이 장난감 가게에서 어제까지만 해도 200원이던 로봇 3종 세트를 100원에 판매하고 있었다. 그것도 수량이 정해진 한정판이었다. 나는 순간 갈등하다가 머리를 좀 썼다. 오늘 특별히 100원짜리 동전이 두 개나 있으니 하나는 하나님께 드리고 남은 하나로는 갖고 싶은 것을 사자는 결론이었다. 나는 잽싸게 가게로 들어가 장난감을 샀다. 기분이 정말 좋았다. 그리고 스스로 매우 지혜롭다고 생각했다. 한 손에는 장난감을 들고, 다른 한 손에는 헌금 100원을 들고 예배당에 들어서니 세상을 다 얻은 기분이었다. 장난감도 헌금도 포기하지 않고 모두 얻었기 때문이었다. 하나님과 세상을 동시에 얻은 기분이라고나 할까?

그날 나의 관심은 새롭게 손에 넣은 우상 단지에 온통 가 있었다. 예배 시간 내내 장난감을 이리저리 조몰락거리다가 아차 하는 순간 헌금할 100원을 손에서 놓치고 말았다. 동전은 잠시 굴러가다가 마룻바닥에 난 구멍으로 쏙 들어가버렸다. 당시에는 교회 바닥이 모두 나무였고 틈이 많았다.

순간 머릿속이 하얘졌다. 잠시 뒤 헌금 시간이 되어 헌금 바구니가 다가오는데, 나도 모르게 눈물이 나고 마음이 답답해졌다. 주일예배 때 하나님께 예물을 드리지 않으면 지옥에 가는 줄 알던 시절이었다. 이윽고 헌금 바구니가 내 앞에 멈췄을 때 나는 아브라함이 모리아산에서 이삭을 바칠 때의 심정으로 특가로 장만한 한정판 로봇 3종 세트를 헌금 바구니에 넣었다.

손끝에서 그 장난감이 떠나는 순간, 내 몸 일부가 떨어져 나가는 것 같았다. 그날 나는 하염없이 눈물을 흘렸다.

야고보가 제안하는 여섯 번째 길은 우리가 태생적으로 가진 갈망과 욕망에 대한 역전을 제안하고 있다. 우리가 매일같이 싸우고 다투고 분쟁하는 이유는 서로 다른 욕망이 부딪힌다는 증거다. 좁은 골목길에서 반대 방향으로 가고자 동시에 진입한 두 운전자가 서로 먼저 가겠다고 경적을 울리고 차창을 열어 소리를 지르다가 결국에는 싸움으로 번지는 것처럼 말이다. 야고보는 소욕이나 욕망 자체가 잘못이라고 하지 않았다. 욕망 자체가 없다면 그는 죽은 사람이다. 세상을 사는 데도, 하나님을 믿는 데도 열정과 소망이 있어야 하고 갈급함과 기대감이 필요하다. 중요한 것은 그것이 의미 있고, 가치 있고, 생명력 있는 소욕과 욕망인가 하는 점이다.

많은 그리스도인이 예수님을 믿은 뒤에도 땅의 욕망으로 살아간다. 예수 믿는 이유가 좋은 집 사고, 좋은 차 타고, 높은 지위에 오르는 것이 거의 전부인 사람이 얼마나 많은가? 육신과 안목의 정욕, 이생의 자랑으로 말이다. 야고보는 4장 3절에서 자기 정욕과 욕망을 채우려고 구하는 것은 시작부터 잘못된 방식이어서 얻지 못한다고 못 박는다.

그렇다면 우리는 어떻게 해야 하는가? 욕망 자체를 없앨

수는 없다. 핵심은 욕망을 사라지게 하는 것이 아니라 '전환'하는 것이다. 자신만 위하는 욕망에서 모두를 위하는 욕망으로, 사람을 죽이는 갈망에서 사람을 살리는 갈망으로, 하나님의 마음을 아프게 하던 소욕에서 하나님을 기쁘시게 하여 이 땅에 하나님 나라와 그 의가 실현되는 소욕으로 말이다.

창조 이후 사람들은 땅의 욕망으로 바벨탑을 쌓아 올리는 사람들과 하나님을 기쁘시게 하려는 욕망으로 성전을 쌓아 올린 사람들로 분명하게 구분된다. 전자는 가는 곳마다 자기 욕망과 정욕에 맞게 우상과 목상을 세우고, 소돔과 고모라를 세우며, 두 아들이 죽을 것을 알고도 여리고와 사마리아를 세우는 사람들이다(왕상 16장). 하지만 후자는 가는 곳마다 하나님을 예배하는 단을 세우고, 주님의 이름을 부르며, 하나님의 성전을 이 땅에 세울 뿐 아니라 종국에는 새 예루살렘에서 하나님 나라를 세워 자신이 아름다운 신부와 성전이 되는 사람들이다.

나는 지금 어떤 욕망으로 하나님을 믿고 따라가는가? 갈라디아서 1장 10절("내가 사람들에게 좋게 하랴 하나님께 좋게 하랴")은 "내가 사람과 이 땅을 향한 소욕을 가지고 있는가? 아니면 하나님을 향한 소욕을 가지고 있는가?"라고 옮길 수 있다. 내 욕망이 있는 곳에 존재의 진짜 가치가 드러난다.

누구나 자신이 갈망하는 것을 얻는다. 이것이 여러 사람을 만나 상담하며 내린 결론이다. 아무리 돈이 없어도 아무리 형편이 어려워도 사람들은 기필코 자신이 원하는 것을 손에 넣고야 만다. 그것이 합법적이든 불법적이든 상관없다. 그러므로 우리는 갈망의 방향을 바로잡고 역전하고 바꾸어야 한다. 바울을 통해 주신 하나님 말씀에 귀 기울여보자.

> 그러므로 너희가 그리스도와 함께 다시 살리심을 받았으면 위의 것을 찾으라 거기는 그리스도께서 하나님 우편에 앉아 계시느니라 위의 것을 생각하고 땅의 것을 생각하지 말라 이는 너희가 죽었고 너희 생명이 그리스도와 함께 하나님 안에 감추어졌음이라 우리 생명이신 그리스도께서 나타나실 그 때에 너희도 그와 함께 영광 중에 나타나리라(골 3:1-4).

지난 15년간 개척교회의 목사로 살면서 상당히 매력적인 청빙 요청이 몇 번 있었고, 또한 목회하지 않더라도 큰돈을 벌 기회도 여러 번 있었다. 또한, 성경 말씀에 어긋나는 유혹이나 인간적인 욕망도 있었다. 모든 경비를 후원할 테니 박사학위를 밟으라고 하는 분도 있었다. 하지만 나는 그때마다 위에 적은 골로새서 3장 말씀을 크게 읽었다. 그분이 내 영혼에 음성을 들려주실 때까지 말이다. 당신도 한번 해보길 바란다. 그러면 누구나 하나님 음성을 듣게 된다.

물론 모든 목회자가 무조건 가난하고 어렵게, 어떤 세상 감투도 없이 살아야 한다는 말은 아니다. 다만 목사라면 세상과는 다른 소욕과 갈망을 지니고 살아야 한다는 것이다. 성도 역시 마찬가지이다. 나는 언제나 물건 하나를 사더라도, 사람 한 명 만나더라도, 책을 한 권 고를 때조차도 늘 스스로 '이 소욕과 갈망은 하나님 나라와 흐름을 같이하는가?'라고 묻는다. 사모도 아이들을 가르치며 무엇을 보거나 사줄 때마다 '이것이 아이들 영혼에 유익이 있는가?'를 묻는다고 한다. 그런 과정을 거치기만 해도 우리는 좀 더 하나님을 기쁘시게 하는 선택과 욕망의 흐름에 들어갈 수 있다.

어느 날 무척 사고 싶은 물건이 하나 있어 기도를 드렸는데 하나님은 나에게 이런 감동을 주셨다. "아들아, 무엇을 하든지 무엇을 먹든지 무엇을 사든지, 영원과 관련되고 생명과 연관되며 하늘나라와 이어진 것을 하거라." 나는 이 깨달음이 참 좋아 노트에 적었고, 그날 이후 계속 실천하려고 노력해왔다. 아무것도 사지 않거나, 땅의 것에 부정적일 필요는 없다. 중요한 것은 우리 소욕과 갈망의 방향이 달라져야 한다는 것이다. 스스로 점검해보자. 지금 내가 가장 사고 싶은 것은 무엇인가? 왜 그렇게 갈망하는가? 그것이 하나님과 연결되어 있는가? 영원이나 생명과 관련된 것인가?

이 정도만 해도 충분하겠지만, 야고보의 충고는 4장 3절 이후로도 계속된다. 너무나 많은 그리스도인이 제3의 길을 만들어내기 때문이다. 즉, 헌금으로 200원을 받아서 100원은 헌금하고 100원은 장난감을 사는 안타까운 어린이처럼 말이다. 이것은 마치 결혼한 여자가 남편도 사랑하지만 이전에 만났던 남자들도 마음에 품고 평생을 살아가는 것과 같다. 그래서 야고보는 이런 사람을 가리켜 매우 잔혹하게 부른다. "간음하는 여인들이여!" 여기서 여인은 상징적인 표현으로, 당연히 남자도 포함한다. 하나님은 영적인 간음을 너무나 싫어하신다. 영적인 간음은 하늘의 것과 땅의 것 두 가지를 다 잡아보겠다는 어리석은 생각에서 나온 혼합주의이며 세상 가치와 타협하는 것이다. 우리의 신랑 되신 하나님께서는 신부로 부름받은 우리가 이런 식으로 이중적인 삶을 사는 것을 무척 시기하신다(4:5).

내가 좋아하는 방식만 고집하는 것은 신앙생활이 아니다. 하나님께서 좋아하시고 기뻐하시는 방식으로 하는 것이다. 우리 교회는 예배를 마칠 때마다 결단의 찬송으로 "나 주님의 기쁨 되기 원하네"를 오랫동안 불렀다. 수백 번을 불렀는데도 부를 때마다 이 찬송이 새롭게 느껴진다.

바로 이 결단을 위해 필요한 것이 '겸손'이다. 갈망과 욕망 이야기 속에서 갑자기 겸손이라는 단어가 나와 다소 연결이 안 될지도 모르겠다. 하지만 야고보가 말하는 논리를 잘 따라가보면 땅에 속한 소욕과 하늘을 향한 소욕 모두를 이루어내려고 갈등하는 자들에게 그 난국을 타개해나가는 놀라운 힘이 겸손에 있음을 발견한다. 예를 들어보자. 우리 아이들이 외할아버지에게 용돈을 많이 받으면 아이들은 온종일 갈등한다. 사고 싶은 것은 많은데 아무거나 샀다가는 부모에게 혼날 수도 있기 때문이다. 그때 아이들이 할 수 있는 지혜로운 방법은 부모에게 묻는 것이다.

"아버지, 어머니. 저희가 오늘 외할아버지에게 용돈을 받았는데 이 돈으로 무엇을 하면 좋을까요?"

이것이 바로 겸손이다. 반대로 이러한 물음이나 점검 없이, 자기가 원하는 대로 물건을 사버리는 것은 부모 뜻에 어긋나는 '교만'인 것이다. 다시 말해, 우리가 가진 욕망과 소욕을 하나님께 넘겨 드리는 역전의 길이 바로 겸손이다. 이러한 소욕의 역전이 일어난 사람에게는 더욱 큰 은혜가 있다고 야고보는 힘주어 말한다(4:6). 하나님께 우리 소욕을 넘겨 드린다면, 그분이 얼마나 좋은 것으로 우리에게 주시겠는가? 자신이 너무나 마시고 싶었던 물을 용사들이 목숨 걸고 떠왔을 때 다윗은 그것을 마시지 않고 하나님께 부어드렸다(삼하 23장, 대상 11

장). 이 얼마나 위대한 소욕의 역전인가! 그가 왜 하나님 마음에 합한 자로 칭찬받았는지 잘 보여준다. 예수님의 말씀처럼 먼저 그 나라와 그 의를 구할 때, 즉 나의 갈망이 아니라 하나님의 갈망을 먼저 구할 때 나머지는 덤으로 얻게 될 것이다(마 6:33).

야고보는 우리가 겸손해지는 것이 얼마나 힘든지 알았다. 그래서 구체적인 방법을 제시한다. 4장 후반부에 이어지는 명령을 쭉 읽어가다 보면, 땅의 소욕에서 하늘의 소욕으로 역전시키는 비밀을 어렵지 않게 찾을 수 있다. 교만에서 겸손으로 나아가는 길이 보이기 시작한다. 내 욕심만 채우는 삶이 아니라 하나님 뜻이 이루어지는 삶을 살게 하는 실제적인 방법이 제시되어 있다.

길게 설명할 것 없이 야고보가 제안하는 명령들을 크게 읽어보자. 하나님께 순종하라(4:7). 하나님을 가까이하라. 즉, 두 마음을 품지 말고 여러 방향으로 갈라지는 마음을 하나로 모아 거룩하게 하라(4:8). 슬퍼하며 애통하라. 즉, 인생의 쾌락만 추구하지 말고 회개하며 낮아진 삶을 추구하라(4:9-10). 이렇게 하면 마귀가 주는 소욕을 대적할 수 있게 되고(4:7), 항상 죄만 지으려는 욕망을 버리게 되며(4:8), 의미 없고 가벼운 웃음소리보다 진심 어리고 무게감 있는 애통의 소리가 입에서 나온다(4:9). 결국, 이 모든 소욕의 역전으로 우리는 겸손을 통한 진정한 높아짐, 바로 십자가를 통한 부활의 길, 예수 그리스도를 닮는 그 역전의 길로 초대를 받는다.

개인적으로 나는 책 욕심이 많은 편이다. 특히 성경책에 대한 욕심이 많아 각각 다른 판본의 번역본을 약 120권 소장하고 있다. 장식용이 아니라 철저히 정독한 책들이다. 그런데도 새 번역본이 나오면 갖고 싶은 마음이 생긴다. 얼마 전, 새롭게 번역된 한글 성경이 출간되었는데 그 책을 무척 사고 싶었다. 돈도 있었다.

하지만 그 순간 내 욕망을 점검해보아야겠다는 생각이 들었다. '목사가 성경책을 사는 것은 당연한 일이잖아'라고 변호했지만, 왠지 불편한 마음이 들었기 때문이다. 그리고 나는 그런 나의 욕망이 하나님 뜻과 거리가 멀다는 것을 알게 되었다. 그날 누가복음 6장 31절을 읽으며 나는 욕망이 하나님께서 뜻하시는 방향으로 흘러가게 해달라고 기도했다. 그러자 "내가 받고 싶은 것을 다른 사람에게 주는 것"이 오늘 내가 해야 할 일임을 알게 되었다. 그러면서 내가 아끼는 제자 한 명이 그즈음 생일이 돌아온다는 사실이 떠올랐다. 일단 그 성경책을 사서 리더에게 선물하기로 마음먹었다. 그제야 마음이 평안해졌다.

그런데 놀라운 일이 일어났다. 내가 가지고 싶던 성경을 번역한 출판사에서 나에게 그 책을 선물로 보내준 것이다. 그것이 끝이 아니었다. 며칠 후, 나와 일면식도 없던 분이 읽고 싶은 책을 사라면서 인터넷 서점에 내 이름으로 20만 원을 적립했다. 그리고 다음 날 그동안 너무나 기다렸던 헬라어 성경 (NA 28판)이 출간되었다. 가격은 내가 리더에게 선물해준 성경의 3배였다. 그때도 이 성경책이 나에게 필요한 것인지 주님 앞에 내려놓고 기도했다. 그러자 이번에는 마음이 평안했고, 이 책을 주님께서 내게 주셨다는 것을 알 수 있었다. 나는 새로 나온 헬라어 성경을 구입했고, 지금도 잘 읽고 있다. 읽을 때마다 그때가 떠올라 가슴이 뜨거워진다.

    이런 일을 겪으며 한 가지 깨달은 것이 있다. 나의 모든 욕망을 하나님께 드리는 것이야말로 가장 겸손하고 아름다운 욕망이라는 것이다. 하나님은 자신의 욕망을 당신께 넘겨 드린 사람을 너무나 사랑하시고 그가 감당할 수 없을 만큼 부어주시는 것을 수없이 체험했다. 그러므로 당장 자기 욕망을 점검해 보기 바란다.

열한 번째 적용

말씀을 삶으로 살아내기

1. 내가 지금 가장 가지고 싶거나, 평소에 돈과 시간을 주로 소비하면서 추구하는 대상(물건, 경험)은 무엇인가? 그것은 하나님의 소욕과 일치하는가?

2. 이제부터 물건을 사거나 내가 원하는 일을 하기 전에 잠시라도 하나님 나라와 뜻에 합당한지 점검해보고, 기도한 후에 행동으로 옮기는 연습을 해보자. 그렇게 했을 때 어떤 일이 일어나는지 경험해보자.

3. 내 인생을 욕망을 땅에서 하늘로, 세상에서 천국으로 역전하기 위해 지금 내가 해야 할 일은 무엇인가? 가령 외식비를 줄이고 그 돈으로 작은 단체에 후원을 시작해보는 것은 어떨까? 지금 내가 무척 가지고 싶은 것을 나보다 더 필요한 사람에게 선물해보는 것은 어떨까? 내가 나를 높이지 말고 주님께서 나를 높이시도록 내 욕망이 역전되는 삶을 살아보자.

8. 일곱 번째 길
나를 낮추면 주님이 임하신다

¹¹ 형제자매들이여! 서로 비난하지 마십시오.
형제나 자매를 비난하거나 판단하는 자는
법을 비난하고 판단하는 것이며, 법을 비난하고 판단하는 것은
곧 그 법을 만드신 분을 교만한 태도로 무례하게 대접하는 일과 같습니다.
만약 당신이 법을 판단한다면 당신은 법을 지키는 사람이 아니라,
심판하는 사람이 되는 것입니다.
¹² 그러나 법을 주신 분과 그 법을 기준으로 심판하시는 분은
오직 하나님 한 분뿐이십니다. 어째서 당신은 사람이면서
감히 하나님처럼 높아져서 이웃을 심판하려고 하는 것입니까?
¹³⁻¹⁵ 어떤 사람은 이렇게 말합니다.
"오늘이나 내일 어떤 도시로 가서 거기서
일 년 정도 머물면서 장사하고 큰 이익을 남길 계획이다."
하지만 그들은 내일이라는 시간 역시 하나님 손에 있음을 모릅니다.
우리 인생은 내가 원하는 대로 착착 진행되는 선명한 청사진이 아니라
잠시 있다가 사라져버리는 안개와도 같습니다.
오히려 우리는 "내 인생의 주인은 하나님이시다.
그러니 주님 뜻대로 살아야겠다. 내가 무엇을 하든지
시작을 하나님께 드리고 주님이 정말로 원하시는 일을 해야겠다."

사람을 만나든, 물건을 사든, 무슨 일을 하든지 간에
하나님께서 원하시는 것을 하겠다"라는 고백과 태도로 살아야 합니다.
16-17 그런데 지금, 여러분은 교만해져서
마음껏 자랑하는 삶을 살고 있습니다.
이러한 교만에 물든 자랑은 모두 악한 일입니다.
그러므로 하나님께서 원하시는 선한 삶이 무엇인지 배워 알면서도
그렇게 살지 않는다면 이미 죄악 된 영역에 들어와 있는 것입니다.

야고보서 4:11-17, MPT

　　부교역자로 13년간 그리고 담임목사로 15년간, 이렇게 거의 30년 가까이 목회자로 살면서 청년들에게 가장 많은 상담을 받는 주제는 역시 연애와 결혼에 대한 것이다. 좋은 사람을 만나 평생 행복하게 살고 싶은 마음이야 누구나 꿈꿀 수 있는 당연한 갈망이다. 하지만 대다수에게 이상은 높고 현실은 힘들다. 무엇보다 성경적인 연애와 결혼을 위해 준비하는 청년을 찾기 힘들다. 너무나 외모 중심적이고 지나치게 현실적이다. 그래도 말씀을 배우고 하나님 은혜 안에 들어가면서 조금씩 주님께서 원하시는 가정과 미래를 바라보는 것은 참 다행이다.

여기서 우리는 가장 중요한 한 가지를 놓치고 있다. 연애와 결혼생활은 '뽑기'의 문제가 아니라 '빚기'의 문제라는 것이다. 그게 무슨 이야기인지 지금부터 풀어보겠다. 이 주제에 관해 상담하러 오는 청년들에게 원하는 이상형을 말해보라고 한다. 그러면 화려한 견적이 나온다. 키, 몸무게, 외모, 학업, 직장, 가족 배경 그리고 신앙까지(물론 신앙이 대수 나중에 나온다는 것이 마음 아프기는 하지만). 그때 나는 그 화려한 이상형을 제시하는 당사자에게 진짜 중요한 질문을 던진다.

"제가 지금 아주 중요한 질문을 하나 던질 테니 잘 생각하고 진실하게 대답해보세요. 그대가 원하는 배우자의 모습은 참 대단합니다. 저도 그런 사람과 결혼하고 싶네요. 그런데 말이죠, 그대가 원하는 그 조건을 다 갖춘 사람이 당신 앞에 나타났다고 칩시다. 당신은 그 사람이 너무 좋지만, 그 사람도 지금의 그대를 좋아할까요? 그대를 이상형이라 생각하고 결혼하고 싶을까요?"

그러면 대부분 묵묵부답이다. 질문이 어려워서 그런 것이 아니다. 다시 말해 "그대가 결혼하고 싶은 그 사람이 그대를 좋아할 만큼, 자신은 준비되어 있는가?"라는 뜻이다. 청년이 아니더라도 다양한 분야에 적용하여 질문할 수 있다. "당신은 그 직장의 사장이 월급 주기에 아깝지 않을 만큼 준비된 사람입니까?"

　20대 초반부터 수많은 사람과 상담하면서, 한 가지 일반적인 특징을 발견했다. 육신적으로든 영적으로든 '어린 사람'은 대개 다른 사람에 관해 이야기하는 것을 좋아한다. 즉, '남 이야기'를 많이 한다. 누구를 탓하는 말도 많이 한다. 자신이 잘못된 이유도 남 때문이고 새 스마트폰을 사는 이유도 남 때문이다. 차를 사도 남 때문이고 심지어 실패해도 남 때문이다. 그들은 자기 이야기를 끄집어낼 능력이 없거나, 아예 자기 이야기 자체가 없거나, 다른 사람을 보는 날카로운 시각으로 자신을 돌아보는 능력이 없기 때문이다. 한마디로 성숙하지 못한 것이다.

　이처럼 우리는 남 이야기를 하느라 쓸데없이 시간과 에너지를 소비한다. 자신을 성찰하는 시간보다 남 이야기를 하며 소중한 인생을 허비한다. 그런 남 이야기에는 자연스럽게 비방과 판단하는 마음이 들어 있다. 앞에서도 언급했지만 이것은 가벼운 죄가 아니다. 전권을 지닌 하나님에 대한 월권이기 때문이다.

　반대로 육신적으로든 영적으로 성숙한 사람들은 자기 이야기에서 출발한다. 그들은 어떤 상황에서도 언제나 자신을 먼저 돌아본다. 그리고 그렇게 자신을 깊이 살피는 사람들은 종국에 하나님을 깊이 만난다는 것을 경험을 통해 알게 되었다.

나는 설교를 준비하면서 자신에게 가장 먼저 설교한다. 사역자 중 상당수가 성도들이 '잘 못 하는 것'과 '부족한 것'을 중심으로 설교를 준비하거나 메시지의 주제를 그렇게 해서 정한다(이것은 설교에서 아주 중요한 '청중 분석'이긴 하다). 하지만 나는 항상 나 자신, 내 영혼이 먼저다(나는 이것을 '내 영혼 먼저 분석'이라 부르고 싶다). 지금 나 자신에게 가장 필요한 말씀과 메시지는 무엇이며, 이 설교를 듣고 나에게 어떤 변화가 일어날 것인가를 최우선으로 고민한다. 마찬가지로 설교의 마지막 적용 부분에 도달해서도 나를 향해 진심을 다해 묻는다. "하나님께서 나를 도우셔야 하는가? 아니면 내가 하나님을 도와 드려야 하는가? 하나님께서 나에게 순종해야 하는가? 내가 하나님께 순종해야 하는가?" 나 자신에 대한 투명하고도 철저한 평가 없이는 그 누구에게도 담대하게 복음을 선포하기 어렵다.

가장 어리석은 설교는 "나는 못 하지만, 여러분은 꼭 하세요!"라고 말하는 것이다. 가끔 인터넷으로 일부 목회자의 설교를 듣다 보면, '여러분'이라는 표현을 자주 쓰는 것을 본다. 하지만 '여러분'을 주어로 시작된 선포와 도전에서는 교묘하게 '나'라는 존재가 빠져나갈 길을 찾기 쉽다. 하지만 '여러분'이 아니라 '우리'를, 더 구체적으로 '나'에게 초점을 맞춘다면 설교는 매우 진실해지고 적실해지며 고백적으로 변화된다. 이 과정에서 더 놀라운 점은 남에 대한 비난이 역전되어 나 자신에 대한 진정한 성찰, 곧 회개, 사과, 용서 그리고 사랑을 하게 된다는 것이다.

더 적나라하게 설명하자면, 나는 지금, 현장에서 간음하다 걸린 여자에게 돌을 던지고 싶었는데, 어느 순간부터 "죄 없는 사람이 먼저 돌을 치라"라고 하시는 예수님 음성을 자신에게 적용하고 보니, 내가 그 돌을 맞아 죽어야 할 죄인이라는 더 시급하고 중대한 진실 앞에서 눈물이 나고 긍휼을 베풀 수 있게 되는 일이 벌어진다. 이처럼 자신에게 진실하게 초점을 맞출 때 하나님 뜻에 마음의 초점을 온전히 맞출 수 있으며, 이를 통해 가장 거대한 역전이 일어난다.

반복하지만, 영혼을 가장 깊고 투명하게 바라보는 순간, 우리는 하나님의 얼굴과 심장을 가장 선명하게 볼 수 있다. 철저하게 자신을 보는 순간이 곧 하나님을 만나는 순간이 된다. 나를 철저히 바라볼 때, 내 안에는 해답이 없음을 보게 되며 오직 하나님 앞에 나아가 무릎 꿇게 된다.

야고보는 4장 11절부터 이 이야기를 하고 있다. 남에게 초점 맞추던 습관을 버리고, 이제부터 자기 자신에게 초점을 맞추라고 말이다. 판단하고 정죄하는 일은 이제 그만두고 자신을 성토하라는 것이다. 우리는 하나님의 법을 만들거나 그분을 대신해서 재판하는 사람이 아니라, 그 법에 순종해야 하는 사람이다. 남에게 초점을 맞춘 사람은 비난과 판단만 늘어놓다가 하나님에게서 멀어진다. 그래서 결국 자신을 율법의 준행자가 아닌 율법으로 재판하는 자리에 올려 스스로 하나님이 된다(4:11). 그래서 스스로 신神이 된 사람은 이런 태도를 보일 것이다. "오늘은 여기에 가보고, 내일은 저기에 가보지 뭐. 그리고 내가 원하는 도시에 들어가서 살면서 장사를 하는 거야. 내가 원하는 시간만큼 한 달이나 일 년 정도 사업을 해서 크게 이득을 남겨야겠어!"(4:13 참조).

가볍게 읽어보면, 이 사람은 자신에게 초점을 맞춘 사람처럼 보인다. 하지만 깊게 묵상해보면 이 사람은 자기 영혼이 아니라 세상의 가치와 이목과 욕망에 초점을 맞추었다. 이 사람은 '진정한 자신'인 영혼을 보지 못하고, 그보다 더 깊이 들어가 영혼의 주인이신 하나님의 마음도 알지 못한다. 아마 누가복음 15장에 나오는 탕자가 이렇게 살았으리라는 생각이 든다. 땅의 가치인 돈의 욕망에 사로잡혀 아버지를 떠난 아들, 아버지의 재물을 얻어 아버지의 자리에 앉게 된 그 어리석은 아들은 이렇게 제멋대로 살았을 것이다. 하지만 레일을 떠난 기차가 얻은 것이 진정한 자유일까? 일탈일 뿐이다. 내일 일을 알지 못할 뿐 아니라, 안개 너머로 비참한 최후가 다가오는 것조차 볼 수 없는 비극적 운명이 된다.

야고보는 5장 1절부터 등장하는 부자의 모습을 통해 이런 삶의 비참한 결과를 그린다. 부자는 땅의 욕망에 사로잡혀서 하늘 창고에 아무것도 저축하지 못했다. 또 언제나 남을 비난하고 착취하는 일에 초점을 맞추다 보니, 자기 내면을 진정으로 들여다보거나 내면을 귀하게 보시는 하나님에게까지 눈을 열지 못했다. 가난한 소작농에게 일부러 지급하지 않은 삯은 곧 마지막 때에 쌓아 올린 불의한 재물임을 알지 못한다. 그것은 일종의 도둑질이었다. 자기 기만적인 웃음으로 즐기던 세상의 노랫가락이 불의를 당한 사람들의 피 울음 섞인 목소리와 함께 탄원의 기도가 되어 하나님의 전에 올라오는 것을 듣지 못한다. 그의 재물은 썩고, 옷은 좀먹으며, 금과 은은 녹이 슬고, 남의 것을 빼앗아 통통하게 살 오른 몸은 조만간 도살당할 고깃덩어리로 추락할 뿐이다. 결국, 이 부자가 한 일은 작은 예수로 살아가는 이 땅의 옳은 자, 의로운 자들을 정죄하고 죽이는 것이었다(5:1-5). 2천 년 전에 눈이 닫히고 귀가 먹은 유대인만 예수님을 죽인 것이 아니다. 오늘날 우리도 하나님 말씀에 순종하지 않으며, 오히려 그분께 비난과 욕설을 퍼붓고 있다. 뿐만 아니라, 그분의 손과 발에 망치질하며 허리에 창질을 해대고 있지 않은가?

　실제로 이 땅에, 아니 교회 안에는 이러한 부자들이 얼마나 많은가? 핸드폰 구입에는 그렇게 많은 돈을 쏟아부으면서도 주일 헌금은 천 원짜리 한 장 던지고, 온종일 게임하고 세상 정보 살피느라 손에서 스마트폰을 내려놓지 않으면서도 성경은 어디에 처박아 두었는지 찾지 못해 허우적거린다. 스마트폰에 깔아놓은 여러 개의 성경 어플이 나를 변화시키는 것이 아니라 읽고 순종하는 말씀이 나를 변화시킨다. 세상 돌아가는 일이나 연예인 일거수일투족은 줄줄 외우면서도 성경은 아직도 한 번도 읽지 못했고, 인터넷 게임이나 드라마 시청은 밤새도록 하면서 주일 아침 예배에는 지각하고, 심지어 예배 시간 내내 졸다가 축도가 끝나기도 전에 일어서는 사람이 한둘이 아니다. 노래방에서는 목이 터지라고 노래 부르면서도 주일 찬양 시간에는 언제나 한 옥타브 내려서 성의 없이 흥얼거리고, 자신이 원하는 동호회나 모임에는 뻔질나게 나가면서 하나님을 위해 섬기고 봉사하는 자리에는 나타나지 않는다. 이 시대에 이런 '부자의 삶', '음녀의 삶'을 사는 이들에게는 심판 외에 다가올 것이 없다. 이제는 삭개오처럼 나무에서 내려와 "내 소유의 절반을 가난한 자들에게 주겠사오며 만일 누구의 것을 속여 빼앗은 일이 있으면 네 갑절이나 갚겠나이다"(눅 19:8)는 결단과 실천이 있어야 한다.

삭개오는 재물이 많고 높은 지위에 오른 사람이었다. 하지만 참된 행복을 누리지 못해 예수님 보기를 갈망했다. 그가 더 이상 주변 사람과 자신을 비교하지 않고, 내면의 본래 가치에 초점을 맞추었다는 뜻이다. 또 예수께서 삭개오의 집에 들어오셔서 그를 나무라시거나 윤리적인 삶을 살라는 요구를 하지 않으셨는데도, 삭개오는 회개하고 그동안 자신이 쌓아 올렸던 재산을 포기했다.

오늘날 교회에서 목회자들은 성도가 교회 떠나는 것이 무서워 성경이 말하는 명령대로 도전하지 않는다. 극소수 용기 있는 목사들이 하나님 말씀을 그대로 전하며 성도들에게 도전을 주어도 각 사람이 자신을 정직하게 직면하지 않기 때문에 변화되지 않는다. 더불어 영혼의 갈급함을 유일하게 채우실 수 있는 예수님이 마음속에 계시지 않기 때문이기도 하다. 마음 문은 이미 굳게 닫혀 있고, 구경꾼으로 교회를 다닌 지 너무 오래되었다. 우리 심령이라는 성전에 예수님을 진정한 왕이요 주인으로 모시지 않았기 때문에 예배 나오라는 말은 시간 뺏겠다는 말로 들리고, 헌금하라는 말은 돈 달라는 말로 들리며, 복음 전하자는 말은 수치를 안겨주겠다는 말로 들린다.

더 이상 이러한 비난과 정죄를 멈추고 나의 내면을 살피려

한다. 내가 누구에게 이런 말할 자격이 있겠는가? 아울러 그렇게 강요한다고 누가 변화되겠는가? 강한 바람이 아니라 뜨거운 햇살로 나그네가 옷을 벗듯, 나 자신부터 내면 깊은 곳에 계신 하나님의 뜻과 그분의 나라가 이루어지길 기다린다. 그리고 오늘도 잘못된 만남과 허황한 육신의 욕망을 따라 살아가는 성도들의 이름을 내 이름으로 바꾸어 부르며 눈물로 기도할 뿐이다. 성도들이 내 삶을 보고 감동과 도전을 받으며, 나 스스로 자신 있게 "나를 따르세요!"라고 말할 수 있을 때까지 계속 노력할 것이다. 그래서 나는 내 방에 예배, 기도, 말씀, 전도, 봉사를 점검하는 표를 붙여두었다. 그 점검표에는 매일 실천 여부와 실행 시간을 적는 칸이 있다. 이 점검표에 매일 체크하면서 담임목사라는 타이틀 이전에 한 사람의 제자요 성도로서 내 모습을 돌아본다. 당신도 그렇게 했으면 좋겠다.

이제, 아주 실천적인 제안을 하나 하면서 이번 이야기를 마무리하고자 한다. 우리는 어떻게 역전적인 삶을 살 수 있을까? 야고보는 이해하기 쉽게 간접 화법을 사용해 도전한다. 마치 기도를 할 줄 모르는 아이에게 기도를 따라 하도록 시키고, 글을 쓰지 못하는 자녀의 작은 손을 붙잡아 함께 한 자 한 자 써 내려가는 것처럼 말이다. 큰 소리로 따라 해보자.

"내 인생의 주인은 하나님이시다. 그러니 주님 뜻대로 살아야겠다. 내가 무엇을 하든지 시작을 하나님께 드리고 주님이 정말로 원하시는 일을 해야겠다. 사람을 만나든, 물건을 사든, 무슨 일을 하든지 간에 하나님께서 원하시는 것을 하겠다"(4:15).

이제 우리 삶은 소유 중심에서 관계 중심으로 이동해야 한다. 또 이웃을 판단하는 데서 나를 점검하는 것으로 관점을 옮겨야 한다. 자신의 욕망이 하나님의 갈망으로 전이되는 순간, 허탄한 자랑이나 남에 대한 비판과 같은 잘못된 무게중심에서 벗어날 수 있다. 대신 영혼의 주인 되시는 하나님 뜻과 그분이 원하시는 선한 일에 허리를 굽히게 될 것이며, 정말 필요한 곳에 지갑이 열리고 진심 어린 눈물을 쏟으며 주를 위해 헌신하게 될 것이다.

특별히 야고보는 이것이 선택의 문제가 아니라고 힘주어 강조한다. 야고보의 메시지는 예수님을 믿은 지 한참 후에나 가능할 정도로 어렵거나, 일부 탁월한 신앙인만 실천이 가능한 특별 메시지가 아니다. 내가 예수님을 믿고 그분을 구주로 영접했다면 이제는 반드시 그렇게 살아야 한다. 야고보는 이 모든 역전의 삶을 실제로 살아내고자 우리가 실천하는 것들을 '선'善이라는 단어로 압축한다. 그리고 이 '선한 삶'이 무엇인지 알면서도 행하지 않을 때 그 즉시 '죄'(4:17)가 된다고 강력하게 선포한다.

하나님은 첫 인류에게 선악과를 따 먹으면 죽을 것이라고 분명히 말씀하셨다. 그리고 실제로 그렇게 되었다. 야고보의 메시지도 마찬가지다. 선을 행할 줄 알고도 행하지 않으면 죄가 된다. 그리고 죄의 결과는 분명 죽음이다. 하나님 말씀을 경외하지 않고 그 말씀대로 살아가지 않는다면 그 말씀은 언제나 죽은 문자로 남는다. 오직 하나님을 경외하는 참된 지혜로(잠 1:7) 적극 살아갈 때 우리에게 주어진 귀한 은혜의 씨앗에서 싹이 나고 꽃이 피며 '진짜 그리스도인'이라는 열매를 맺을 것이다.

한번은 지역의 선배 목회자들이 우리 교회에 와서 함께 예배를 드리기로 되어있었다. 그런데 미리 예배 준비를 하기 위해 교회에 왔다가 충격적인 장면을 목격했다. 고등학생 한 쌍이 교회 정문 앞에 앉아 담배를 피우고 있었는데, 그들 주변, 다시 말해 우리 교회 앞에는 컵라면 봉지와 국물, 씹다가 뱉은 껌과 담뱃재가 널브러져 있었기 때문이다. 뿐만 아니었다. 밤새 그 자리에서 술을 마셨는지 구토 흔적도 있었고, 여기저기 가래침을 뱉어놓았으며, 심지어 둘이 싸움질까지 하고 있었다.

나는 정말 화가 머리끝까지 났다. 순간 고등학생 시절, 불량 학생들에게 심하게 구타를 당해 한 달간 팔을 움직이지 못했던 기억이 오버랩되었다. 그래서 그들에게 소리를 질렀다. 그러자 아주 고까운 표정을 지으며 자신이 남긴 흔적을 치우지도 않고 사라졌다(솔직히 옆에 총이 있었으면 쏴 버렸을지도 모르겠다).

그날 아침, 나는 오직 지역의 선배 목회자들에게만 초점을 맞추고 있었다. 교회에 처음 오시는 그분들에게 최대한 깨끗하고 정돈된 모습을 보여주고 싶었다. 그래서 그분들에게 나와 교회가 어떻게 보일지에만 관심을 집중하고 있었다. 나의 내면이 아닌, 다른 것에 초점을 맞추고 있었던 것이다. 그래서 내가 어렸을 때 나에게 상처를 주었던 과거의 그들과 그날 만난 고등학생들에 대한 비난과 정죄로 온몸이 떨렸다.

그러는 사이 부지런한 선배 목사님 몇 분이 교회 안으로 들어오셨다. 당황한 나는 급하게 청소와 정리를 마친 후 자리에 앉았다. 예배가 시작되었다. 솔직히 그날 강사로 오신 목사님은 내가 지금까지 들어 본 것 중에서 가장 형편없는 설교를 하셨다. 가령, 30분의 설교 시간 중 우리 교회가 작다는 이야기만 스무 번이나 들었다. 성경 본문과는 아무 상관없는 지극히 인간적인 설교였다. 보통 때 같았으면 짜증이 났을 것이다. 하지만 그 시간에 나는 다른 사람을 비판하는 자리에서 떠나 내면 깊은 곳을 향하고 있었다.

용서하지 못하는 나, 이해하지 못하는 나, 긍휼을 베풀지 못하는 나, 과거에 매여 있는 나를 보았다. 그러면서 자연스럽게 부족한 나를 바라보시는 하나님, 여전히 사랑하시는 하늘 아버지를 보게 되었고, 그분의 기대와 간절함도 보았다. 그러자 본문과 아무 관계없이 교회의 외형을 비하하는 설교를 들으면서도 겸손하게 나를 낮출 수 있었으며, 이상하게도 그 말씀들이 은혜가 되었다.

그날 목사님의 설교 중에서 한 문장이 나에게 크게 다가왔는데, 그것은 "나를 낮추어야 주님이 오신다"는 말씀이었다. 대다수 목사가 하품하는 그 시간에 나는 눈물이 났다. 내가 낮아지고 겸손해져서 초점이 이동되자, 하나님께서는 그 어떤 통로를 통해서도 내게 말씀하시고 나를 새롭게 빚으신 것이다.

설교가 끝나고 다 같이 기도하는 시간이 돌아왔다. 나는 오전에 나를 화나게 했던 그 아이들을 위해 기도했고, 아울러 우리 교회에 다시는 그런 일이 생기지 않게 해달라고 기도했다. 나아가 그런 일이 다시 일어난다고 해도 사랑으로 그들을 섬기고 긍휼을 베풀 수 있게 해달라고 기도했다.

"주님, 진정으로 나의 주인이 되어 주소서!"

놀랍게도 그날 이후 지금까지 단 한 번도 학생들이 교회 앞을 더럽히거나 불미스러운 일이 벌어지지 않았다. 어쩌면 그들은 나를 점검하고 훈련시키려고 하나님이 보내신 불량한 천사들이었는지도 모르겠다. 그리고 그날 설교하신 목사님은 오직 나에게만 은혜를 주시려고 보내신 특별 메신저였던 것 같다. 눈을 돌려 말씀에 잠기고, 눈을 감아 내 영혼을 보면 그제야 하나님께서 나의 중심에 바로 선다.

열두 번째 적용

말씀을 삶으로 살아내기

1. 요즈음 내가 가장 관심을 두고, 초점을 맞추며 살아가는 대상이나 사건은 무엇인가? 그것을 통해 세상과 다른 사람의 이목을 중요시하게 되었는가? 아니면 내 영혼과 하나님의 인도하심을 중요하게 보게 되었는가?

2. 오늘 나 자신에 관해 진실하게 기록해보자. 자신의 장단점을 점검해보자. 나는 어떤 사람인가? 하나님께서 당신의 일을 믿고 맡길 만한 사람인가?

3. 나를 창조하신 하나님 아버지, 나를 위해 목숨을 주신 예수님 그리고 지금도 내 영혼 속에서 말할 수 없는 탄식으로 기도하시는 성령님을 생각해보자. 이제 그분의 손과 발이 되어 어떻게 주님의 뜻을 이루어드릴 수 있을지 고민하고 기도하고 결단해보자.

9. 여덟 번째 길
시대정신을 읽고
하나님의 기회를 발견하라

¹⁻² 이 땅의 가치에 함몰되어 소위 부자로 살아가기를
추구하는 사람들이여! 이제 곧 여러분에게 다가올 고난을
예상하고 통곡하며 우십시오! 여러분의 재산은 이미 썩고 있으며
아끼는 물건들 역시 무가치해질 것입니다.
³ 여러분이 가장 귀하게 여기는 부동산과 재산들도 의미 없이
사라질 날이 다가오고 있습니다.
생명 되시며 참 인격이신 하나님과의 관계보다, 죽음 같은
비인격적인 우상에 모든 것을 걸었으니 결국 여러분이 갈망한
가치가 지닌 비극적인 결말을 목격할 것입니다.
열심히 부지런히 일 분 일 초를 아껴 크로노스의 시간을 살았지만,
하나님의 카이로스를 준비하지 못했으니 평생 급한 일만 하다가
정작 중요한 일은 끝내지 못했음을 마지막 순간에 깨닫게 될 것입니다.
⁴ 보십시오! 여러분을 사장이라고 불러준 사람들을 착취하고
또한 탈세해서 모은 하나님의 돈과,
주일과 예배 시간까지 아끼면서 악착같이 사용한
하나님의 시간이 마지막 심판대 앞에서
당신의 유죄를 증명할 증거와 증인이 될 것입니다.

⁵ 머리를 굴려가며 나름대로 열심히 살았지만,

결국 여러분은 이 땅에서 사치하고 방탕하게 살았을 뿐입니다.

하나님께서 모든 사람을 심판하실 마지막 때가 되면,

여러분은 도축 당하는 소나 돼지와 같은 운명을 맞이할 뿐입니다.

⁶ 자신이 만든 시간표에, 자신을 위해 만든

계획만 바라보며 달려간 인생은 결국

예수님을 십자가에 못 박는 삶과 마찬가지입니다.

예수님은 마지막까지 기다리셨고 여러 기회를 주셨지만,

여러분은 무참하게 그분을 거부했습니다.

⁷ 그러므로 진짜 그리스도인이여! 예수님께서 재림하실 때까지

오래 참으십시오. 보십시오!

농부는 때에 맞는 비가 내리기까지 오래 참으며 기다려서

결국 땅에서 나는 귀중한 열매들을 추수합니다.

⁸ 농부의 마음으로 여러분도 오래 참으십시오!

마음을 강하게 지키십시오!

이제 곧 주님의 나라와 그분의 시간이 다가오기 때문입니다.

⁹ 형제자매들이여! 서로 원망하거나 불평하지 마십시오.

심판을 받지 않으려면 그렇게 해야 합니다. 보십시오.

심판자 되신 예수 그리스도께서 오실 날이 머지않았습니다.

¹⁰ 형제자매들이여! 주님의 이름으로 말씀을 전하다가

고난을 받고 오래 참았던 선지자들의 삶을 본받으십시오.

¹¹ 보십시오! 우리는 끝까지 견뎌낸 사람들을 복되다고 여깁니다.

여러분은 이미 욥의 인내를 들었으며 그러한 욥에게 하나님께서

어떤 일을 베푸셨는지 보았습니다.
욥의 이야기를 통해 하나님은 자비와 긍휼이 풍성한 분이라는
사실이 드러났습니다.

야고보서 5:1-11, MPT

이번 장은 가상의 역사 이야기로 시작하겠다. 조정래의 장편 소설 《아리랑》의 일부를 살짝 각색한 내용이다.

일본이 우리나라를 지배하던 시절, 어느 마을에 건이라는 아이가 살고 있었다. 건이네 가족은 할아버지, 할머니, 아버지, 어머니 그리고 밑으로 두 여동생까지 모두 일곱 명이었다. 그들은 비록 넉넉하지 못했으나 어른들은 늘 부지런하고 성실하게 일했으며, 가족 모두가 단란하고 행복한 가정을 만들기 위해 항상 노력했다. 하지만 일본에 국권을 빼앗긴 뒤, 모든 것이 달라졌다. 할아버지는 독립군으로 싸우다가 일본군의 총에 맞아 세상을 떠났고, 아버지는 일본의 강압적인 토지 개혁에 맞서 빼앗긴 땅을 찾으려고 나섰다가, 일본 경찰의 죽창에 찔려 세상을 떠났다. 어느새 건이는 학교에 입학할 나이가 되었지만, 어머니가 미곡장에서 종일 일해 번 돈으로는 가족들이 하루 두 끼를 먹기에도 벅찼다. 그래서 건이는 열 살이 되도록 학교에 갈 수 없었다. 너무나 학교에 가고 싶어 하는 건이를 보고 안타까웠던 할머니는 고구마 농가를 돌아다니며 일손을 도와주고, 그 수고비를 대신해 받은 고구마를 장에 내다 팔았다. 할머니가 1년간 고구마를 팔아 모은 돈으로 건이는 드디어 학교를 다닐 수 있게 되었다.

건이가 학교에 가는 모습을 본 할머니는 감격스러워했다. 아침 거르는 일은 다반사고, 점심은 고구마 반쪽으로 때우면서도 손자의 몸과 마음이 커가는 것을 보는 것만으로 마음이 뿌듯해졌다. 그러던 어느 날 일본 순사가 노점에서 장사하는 건이 할머니를 무자비하게 미는 바람에 할머니가 바닥에 쓰러졌다. 그 충격으로 할머니는 그날부터 앉지도 서지도 걷지도 못하는 불구가 되었다. 당연히 더 이상 고구마 장사도 할 수 없었다. 자신이 가족에게 도움이 되기는커녕, 안 그래도 힘든 가족에게 짐만 되는 것을 직감한 할머니는 어느 이른 아침 학교에 가려는 건이를 불러 자리에 앉힌 다음 세 가지 질문을 했다. 할머니에게 이 질문을 얼마나 많이 들었던지, 묻는 즉시 대답이

터져 나왔다.

"건이야, 할아버지와 아버지를 누가 죽였지?"

"왜놈들이요!"

"왜놈들이 우리나라에 쳐들어오게 된 이유는 무엇이지?"

"우리나라가 힘이 없기 때문이에요!"

"그러면 이제 너는 무엇을 해야 하지?"

"열심히 공부해서 빼앗긴 나라를 찾고 원수를 갚아야 해요."

건이 할머니는 건이에게 다짐이라도 받아내려는 듯 결연한 태도로 똑같은 질문을 세 번 반복한 뒤 건이를 학교에 보냈다. 그리고 집에 아무도 없을 때 목을 매 자살했다.

앞서 말했듯 이 이야기는 사실이 아니다. 다만 이 가상 이야기에서 전하고 싶은 메시지가 있다. 바로 '시대정신'이다. 내가 만약 소설 속에 등장하는 주인공 '건'이라면 그리고 지금 우리가 일본의 지배 아래에서 억압받으며 살아간다면, 무엇을 해야 할지는 분명하지 않겠는가?

안타까운 사실은 우리가 시대정신을 잃어버리고 산 지 오래되었다는 것이다. 그리스도인으로서 우리가 지금 어떤 시대를 살아가고 있는지 모르기 때문에 이 시대에 어떤 생각으로 어떻게 살아야 하는지도 모른다는 말이다.

자신이 사는 때를 아는 것은 매우 중요하다. 백 년에 가까운 시간을 투자해서 거대한 방주를 지었던 노아와 그의 가족은 자신이 어떤 시대를 살아가는지, 어떻게 살아야 할지 잘 알고 있었다. 사울 시대에서 다윗 시대로 넘어갈 때, 다윗에게 온 사람 중 일부는 "때를 잘 분간할 줄 알고, 이스라엘이 하여야 할 바를 아는 사람들"(대상 12:32, 새번역)이었으며, 바울은 로마 성도들에게 "자다가 깰 때가 벌써 되었[다]"(롬 13:11)라고 분명하게 말했다. 하지만 지금 우리는 어떻게 시간을 보고 있는가? 일 분, 일 초 단위로 지나가는 크로노스 시간(자연스럽게 흘러가는 양적이고 물리적인 시간)은 아껴 사용할 수도 있지만, 하나님의 때가 차는(갈 4:4) 카이로스 시간(개인에게 특별한 의미가 부여된 질적인 기회를 의미하는 시간)에는 무감각한 사람이 너무나 많다.

　　더욱이 이 시대는 인터넷과 스마트폰의 영향으로 별 의미 없는 정보가 세상을 가득 채우고 있다. 사람들은 조금이라도 시간이 생기면 게임을 하느라 정신이 없다. 인스타그램이나 페이스북 등의 SNS를 소통 도구라고 하지만, 실제로 SNS를 통해서는 진정한 소통이 불가능하다는 것은 누구나 알고 있다. 오히려 이런 것 때문에 말씀을 깊이 읽고 기도하는 시간을 빼앗겨 하나님의 때를 분별해야 할 기회를 놓치며 사는 경우가 허다하다. 그리스도인 중에도 아무 의미 없이 스마트폰을 만지

작거리고 목적 없이 인터넷 서핑을 하느라 시간을 허비하는 사람이 너무 많다. 유튜브 동영상을 보느라 하루 몇 시간을 낭비하고 온라인 게임에 목숨 거는 사람이 많은데, 이들을 보면 마음이 너무 아프다.

나는 하나님의 시간에 대해 생각할 때마다, 또한 목회 현장에서 조금이라도 나태한 마음이 찾아오고 설교 준비를 편하게 하면 어떨까 하는 유혹으로 흔들릴 때마다 엘리사가 게하시에게 한 말이 생각난다. 열왕기하 5장에는 엘리사의 사환 게하시가 등장한다. 그는 악성 피부병을 고침받고 돌아가는 나아만 장군을 쫓아가 엘리사의 부탁이라고 거짓말하면서 은과 옷을 받는다. 그 모든 것을 받아 자기 집에 숨겨 놓고 뻔뻔하게 엘리사 앞에 나타날 때, 그런 게하시에게 엘리사는 천둥 같은 소리로 호통을 쳤다.

> 어떤 사람이 너를 만나려고 수레에서 내릴 때에, 내 마음이 너와 함께 거기에 가 있지 않은 줄 알았느냐? 지금이 은을 받고 옷을 받고, 올리브 기름과 포도나무와 양과 소와 남녀 종을 취할 때냐?(왕하 5:26, 새번역)

지금도 우리는 이 엘리사의 소리를 하나님 음성으로 들

어야 한다. 이 시대 기독교를 보면 솔직히 답답하다. 신학교를 졸업하고 나서도 일자리를 구하기 어렵다고 하지만, 헬라어와 히브리어 공부는 제대로 한 적이 없으면서 당구장이나 피시방에는 자주 다니는 신학생들이 그런 말을 할 자격이 있는가? 목사가 될 때까지 성경 66권을 한 번도 연구하지 않고 온갖 인간적인 성공만 추구하는 자들이 사역할 곳을 찾지 못하는 것은 당연하다. 오히려 이런 사람에게 사역지가 있다는 게 비정상적이다.

　또 무조건 유학만 가고 학위 취득만 하려 하며 경영학으로 교회를 기업처럼 운영하려는 사람들에게서 어떻게 그리스도의 제자가 나올 수 있겠는가? 교회를 개척해놓고도 자기 양 떼를 돌볼 생각은 하지 않고 여기저기 육신적인 모임을 구성해 맛집이나 돌아다니니 자신도 성도들도 영적으로 늘 제자리걸음인 것이다. 또한, 이 시대에 정말 필요한 책이 아니라 그저 돈만 된다면 하나님을 팔아먹으면서까지 수준 미달의 책들을 쏟아내는 출판사가 얼마나 많은가? 이 시대의 왕과 제사장과 선지자 역할을 할 사람들이 이 정도인데, 평신도는 굳이 언급할 필요가 있을까? 참으로 부끄럽고 치욕스러울 뿐이다. 크로노스를 함부로 사용하는 사람에게는 하나님과 다른 사람을 기쁘게 할 특별한 시간인 카이로스는 영영 오지 않는다. 크로노스의 시간이 거룩해졌을 때, 비로소 카이로스의 시간도 거룩해지는 것이다.

지금 우리는, 남 유다의 멸망 앞에서 시대를 통찰했던 예레미야처럼, 머리가 눈물로 가득 차고 그것이 눈에서 끊임없이 흘러나올 때까지 회개해야 한다(렘 9:1). 하나님께서 정하신 70년의 포로 생활을 마치고 주님의 때가 이루어질 것을 바라보며 금식으로 기도했던 다니엘처럼(단 9장), 우리도 거룩한 절제로 무릎을 꿇어야 한다. 언제까지 나를 구원하신 예수님께서 지신 십자가에 대해 단편적인 지식으로만 만족해야 하겠는가? 이제는 나와 자녀들을 위해 울어야 할 때(눅 23:28)가 되어야 하지 않겠는가?

지극히 어린 시절부터 시작되는 폭력과 음란 문화, 사회에 만연한 술과 쾌락 문화, 세상과 복음이 혼합되어 버린 이 시대의 가벼움 앞에서 나는 울분과 안타까움에 온몸이 떨린다. 나를 더 마음 아프게 하는 것은 이러한 시대 상황을 깨닫지 못하고, 등불은 있지만 기름을 준비하지 못한 채 졸고 있는 다섯 처녀와 같은 그리스도인의 모습이다.

오늘날 사람들은 모든 일에 극도로 조급해졌다. 다니엘의 예언처럼 이제 사람들은 전보다 더 빨리 왕래하고 있고 지혜가 아닌 지식만이 빠른 속도로 이동하는 시대가 되었다(단 12:4).

그래서 기다림의 영성이 사라진 지 오래다. 우리가 사용하는 언어 중 상당수가 극단적인 표현이며, 특히 하나님을 모독하는 상징으로 넘쳐나고 있다. 그나마 글을 조금 쓴다는 기자나 학자들 역시 점점 깊이가 없고 대중의 관심만을 끌려는 가벼운 글을 쏟아내고 있다. 철없는 중고생이야 그렇다 치고, 지성인이라고 할 만한 대학생들의 말을 들어봐도 가볍고 감각적인 표현이 가득할 뿐이다. 이 모두가 극단적으로 조급한 사회의 폐해가 아닐 수 없다.

사람들은 언제부터인가 느린 것을 나쁜 것으로 인식하게 되었고, 바쁘게 사는 것이 훌륭하고 바람직한 삶이라는 착각에 빠졌다. 하지만 성경 어디에도 그런 말은 없다. 오히려 때를 알지 못하고 조급하게 사는 그것이야말로 가장 의미 없는 삶이다. 성도들을 돌볼 시간조차 없이 자기 일에 바쁜 목사는 나쁜 목사이며, 급한 일에만 목숨 거는 성도는 절대로 하나님의 중요한 일을 할 수 없다.

바울은 고린도후서 11장에서 자기 자랑을 했다. 어쩔 수 없이 자랑해야만 하는 상황이었기에 그랬다. 나 역시 메시지를 효과적으로 전달하기 위해 '어리석은 자랑'을 늘어놓아야 할 것 같으니 용납해주기 바란다. 나는 행하지 않으면서 사람들에게 "나는 못 하지만 이렇게 하면 좋습니다"라고 말하기는 싫기 때문이다.

나는 대학 시절 모든 학기에 1등을 했다. 그래서 장학금을 받으며 학교에 다녔고, 대학교는 야간 학부 전체 수석으로, 대학원은 전체 수석으로 졸업했다. 학부와 대학원을 수석 졸업한 비결은 생각보다 간단하다. 수업을 듣기 전에 예습하고, 수업을 들은 후에는 복습하는 것이었다. 내가 열심히 공부한 이유는 크게 두 가지였다. 하나는 신학생이 된 후 '지금 배우는 것 중에 나에게 불필요한 것은 하나도 없다'라고 생각했기에 모든 과목에 최선을 다하는 게 마땅했다. 다른 하나는 현실적으로 나에게 학비를 대줄 사람이 아무도 없었기에 오직 장학금을 받아야만 다음 학기를 등록할 수 있다는 절박감 때문이었다. 하나님께서 기회를 주셨는데 내가 공부를 못해 하나님의 소명을 이루지 못하는 것은 말이 안 되는 소리였다. 그때는 내 인생에서 지독한 가난이라는 과정을 통과하는 크로노스 시기였지만, 분명히 이때가 아니면 배울 수 없는 신학 공부를 해야 하는 카이로스 시기이기도 했기에 나는 때를 분별하여 열심히 공부했다.

당시 동기들은 자주 도서관 로비나 학교 식당에 앉아 커피 한 잔을 두고 몇 시간 동안 기독교의 문제점에 대해 신랄한 비판의 장을 벌였다. 때로는 유명한 교수나 목회자의 잘못된 말과 행동을 들추어내며 비난하기도 했다. 하지만 나는 그 모임에 가지 않았다. 나는 하나님의 소명을 확신했으며, 그것을 위해 지금 할 일은 공부와 기도임을 한 번도 놓치지 않았기 때문이었다. 나는 아침 9시부터 오후 5시까지 아르바이트를 하다가 가끔은 저녁도 먹지 못한 상태에서 야간 수업에 들어갔다. 수업을 마치면 지하철 막차를 타고 집에 들어갔다. 모처럼 교회 사역이 없는 토요일에도 늦잠을 자거나 영화를 보는 대신, 아침 일찍 일어나 기도하고 말씀을 본 후에 학교 도서관까지 걸어서 갔다. 그곳에서 도서관 문을 닫는 시간까지 원어나 성경 공부를 목숨 바쳐서 했고, 추가로 목회와 독서에 필요한 언어학, 철학, 역사, 문학도 기회가 되는 대로 최선을 다해 공부했다. 당시는 심지어 밥 사 먹을 돈도 없었기에 학교 앞 분식집에 들어가 천 원짜리 한 장 내고 떡볶이 국물에 적신 튀김 1인분을 늦은 점심 겸 이른 저녁 식사로 때울 때가 많았다.

나는 그렇게 나에게 주어진 때를 살았고, 지금도 그렇게 살아간다는 말을 하고 싶은 것이다. 지금도 밥 먹자고 한번 만나자는 목회자나 친구들이 많다. 하지만 나는 대부분 정중하게 거절한다. 나는 신학교 시절부터 지금까지 성경을 140번 읽었고 성경 전체를 10번이나 연구했다. 개척하고 10년 동안은 월요일부터 주일 설교를 준비했고, 지금은 주일 저녁부터 준비한다. 설교 한 편에 항상 20~30시간을 투자하고 있으며 신학교 시절부터 지금까지 28년 동안 토요일에 급하게 준비한 설교로 주일 강단에 선 적이 한 번도 없다. 자신 앞에 주어진 때를 활용하지 못하는 자는 하나님의 때를 놓칠 수밖에 없고, 제한된 시간 앞에 깨어 있지 않은 존재는 영원한 시간 앞에서 당황하거나 사망의 잠을 자야 할 것이다.

시대를 알지 못하는 사람은 조급하다. 시간을 지배하지 못하고 시간에 쫓겨 살기 때문이다. 항상 급한 일만 처리하다 보면 중요한 일을 할 시간이 없다. 그래서 나는 성도들에게 자주 이런 말을 한다. "중요한 일을 꾸준히 하다 보면 급한 일이 생기지 않는다." 이 말을 달리 생각해보면 이런 뜻이다. "급한 일만 하다 보면 중요한 일을 할 수가 없다." 이 모든 것이 시간과 때에 대한 하나님의 원리이다. 습관은 영성이고, 인생의 열매는 시간을 보낸 삶의 습관과 태도에 따라 달라진다. 하나님은 시간을 초월해 계시지만, 당신께서 허락하신 시간 속에서는 곧바로 서 있는 자와 함께하신다.

그래서 야고보는 추수의 기쁨을 나누기 위해 씨를 뿌리고 잡초를 뽑는 농부처럼 오래 참으며 때에 맞추어 성실하게 일해야 한다는 이야기를 하고 있다. 그렇듯 성실함으로 오래 참은 사람은 하나님께서 주시는 '기회의 이른 비'와 '성장의 늦은 비'를 반드시 만난다(5:7 참고). 우리는 조급한 마음으로 때를 원망하고 비판하기보다 선지자의 삶을 본받아 고난과 오래 참음으로 승리해야 한다. 자신이 욥의 때를 살고 있다면, 다른 길로 가지 말고 욥처럼 살아야 한다. 그들은 분명히 욥과 같은 결말을 누리게 될 것이다. 천 년이 하루 같고 하루가 천 년 같으신 그분, 모든 때를 주장하시는 그분은 바로 이런 사람들에게 자비와 긍휼(5:11)을 베푸시기 때문이다.

그러므로 지금 자신의 시간을 분별하라. 그러려면 깊은 말씀의 만남과 거룩한 삶 속에서 집중적인 기도를 하는 길 외에는 없다. 깨어 있지 않으면 하나님의 시계 소리를 들을 수 없고, 거룩하지 않으면 하나님의 움직이는 소리가 들리지 않는다. 하나님께서 이 시간에 나에게 하시려는 가장 중요한 일을 하라. 돈을 따라가지 말고 감정에 휘둘리지 말고 다른 사람과 비교하지 말라. 하나님께서 지금 나에게 하라고 하시는 그것을 하라. 그래야 시간에 쫓기는 인생이 아니라 시간을 정복하는 하나님의 사람이 될 것이다.

열세 번째 적용
말씀을 삶으로 살아내기

1. 요즈음 나는 무슨 일로 분주한가? 나의 하루를 점검해보자. 의미 없는 것과 일시적인 쾌락이 내 시간을 좀먹고 있지는 않은가? 의미 없는 시간을 과감하게 포기하여 하나님이 일하실 수 있는 여백을 만들어보자.

2. 나는 지금 '중요한 일'을 중심으로 살고 있는가? '급한 일'을 중심으로 살고 있는가? 지금 갑자기 병원에 입원하게 되어 큰 수술을 받아야 한다고 생각해보라. 그렇다면 모든 것을 멈추고 수술받을 수밖에 없다. 자기 삶을 바꾸기 힘들다고 생각하는 사람은 내가 지금 수술실에 들어왔다고 생각해야 한다. 하나님 앞에 가장 먼저 회복해야 할 것과 수술받아야 할 것을 더 이상 뒤로 미루지 말고 지금 순복해보자.

3. 내 인생 전체를 그려볼 때, 지금 나는 무엇을 해야 가장 합당할까? 가장 머리가 맑은 시간에 말씀을 읽고, 끊임없이 하나님께 기도하라. 작은 응답도 기록하고 영적 지도자와 상담도 해보라. 지금 하나님께서 나에게 원하시는 일을 하는 것이 시간을 정복하는 최고의 비밀이고 능력이다.

10. 아홉 번째 길
맹세의 삶에서 기도의 삶으로

¹² 나의 형제자매들이여! 이 땅에 목숨 걸지 마십시오.
땅의 것에 무리하게 목숨을 거는 사람은 함부로 맹세하게 됩니다.
하늘을 걸고도, 땅을 걸고도,
다른 어떤 대상을 걸고서라도 맹세하지 마십시오.
오직 여러분은 "예"라고 긍정해야 할 일에 마땅히 "예"라고 대답하고
"아니오"라고 부정해야 할 일에는 "아니오"라고만 함으로써
말의 실수를 벗어날 뿐만 아니라 땅에서 하늘로 그 초점을 옮기고
역전하십시오. 그것이 곧 하나님의 심판을 피하는 길입니다.
¹³ 우리 중에 누군가가 고통을 당하면 낙망하지 말고
고개를 들어 주님께 기도하고, 우리 중에 누가 기쁜 일이 있다면
교만하거나 시기하지 말고 고개를 들어 주님을 찬양하십시오.
어떤 상황에서도 하나님께만 초점을 맞추라는 말입니다.
¹⁴⁻¹⁶ 여러분 중에 아픈 사람이 있다면, 그 사람은
교회의 리더들을 불러 기도를 요청하십시오.
인간의 의술과 의약도 사용하면서
또한 예수님의 이름으로 기도하십시오.
믿음으로 기도하면 병든 사람도 낫습니다.
다만 궁극적으로 치유하게 하시는 분은 하나님이심을 잊지 마십시오.

그렇게 하면, 혹시 죄를 범해 병을 얻었더라도 용서받을 것입니다.
그러므로 여러분은 서로 죄를 고백하고
병든 자들의 영혼과 육체를 포함한,
모든 것의 회복을 위해 서로 기도하십시오.
진짜 그리스도인이 기도하면 놀라운 일이 많이 일어납니다.
17-18 엘리야를 기억하십시오.
그도 우리와 마찬가지로 감정과 혈기를 지닌 사람이었으나,
비가 오지 않도록 간절하게 기도하자 3년 6개월 동안
땅에 비가 내리지 않았습니다.
그러고서 다시 기도하자, 하늘이 비를 내리고
땅은 그 비를 받아 마심으로 땅의 소산인 열매를 낸 것입니다.

야고보서 5:12-18, MPT

결혼하고 두 번째 사역지에서 지혜(가명)라는 자매를 만났다. 그녀는 순수하고 맑은 영혼을 가졌지만 안타깝게도 심각한 질병을 앓고 있었다. 바로 '간질'이었다. 지혜를 알기 전까지는 간질 앓는 사람을 한 번도 직접 본 적이 없었다. 그런데 처음 그 자매를 본 순간, 나는 마음이 무너져 내렸다. 정말 재능 많고 실력 있고 활달한 성격을 지닌 그녀는 간질 때문에 집에서 멀리 나가지도 못하고 차도 타지 못하고 혼자 어디를 가지도 못하고 직장도 얻지 못했다. 지혜는 결혼과 관계 그리고 자신의 미래에 대한 불안함과 염려로 하나님을 온전히 신뢰하지 못했다. 그래서 나는 지혜와의 첫 면담에서 구체적인 적용으로

'감사를 시작해보자'고 조언했다. 하지만 지혜의 반응은 냉담했다. 그녀가 나를 쏘아보며 내뱉은, 비난과 실망 가득한 말 한마디가 내 가슴을 무척 쓰리고 아프게 찔렀다.

"전도사님 같으면 이런 상황에서 감사가 되겠어요?"

우리는 너무 눈에 보이는 대로, 귀에 들리는 대로 살고 있다. 그리고 야고보의 편지를 읽었던 독자나 그의 말을 들었던 청중도 그랬을 것이다. 예수님을 믿는 사람도 쉽게 바뀌지 않는다. 하물며 시련으로 기울어진 땅에 있는 사람, 간질병 환자의 입에서 실망 섞인 고백이 나오는 것은 당연하지 않겠는가? 그럼에도 삶의 무게중심을 잃어서는 안 된다. 즉, 지금 내가 어디에, 무엇에, 누구에게 초점을 맞추고 있는가를 잊으면 안 된다는 말이다. 내 삶의 무게중심이 어디로 기울어져 있느냐에 따라 원망이 감사가 되기도 하고 감사가 원망이 되기도 한다. 안타까운 점은 우리 삶이 현실이라는 땅에 너무 깊게 뿌리박혀 버렸다는 것이다.

개인적으로 나는 인터넷을 거의 하지 않는다. 텔레비전은 결혼과 동시에 없애버렸다. 컴퓨터를 사용해야 할 때면 컴퓨터로 할 일을 먼저 적은 후에야 컴퓨터를 켠다. 아울러 지금까지도 스마트폰을 쓰지 않는다. 앞으로도 마음과 뜻과 힘을 다해 사용하지 않을 생각이다. 모든 것이 시각화된 오늘날의 문화는 하나님 말씀에 온전히 귀 기울이지 못하도록 방해하고 있으며, 우리의 신앙을 갉아먹고 있다. 나는 가끔 인터넷과 스마트폰의 유익을 내 앞에서 장황하게 자랑하는 사람을 만난다. 이야기를 다 듣고 정말 그 영혼을 사랑하는 마음으로 이렇게 물어본다. "가슴에 손을 얹고 답해주세요. 정말 인터넷과 스마트폰이 영혼을 더 거룩하게 만들고, 당신을 진짜 그리스도인으로 살게 하나요?" 그러면 다들 말이 없다.

쉽게 접속할 수 있고, 아무나 간단하게 정보를 올릴 수 있다 보니 인터넷에 흘러 다니는 정보 중에는 의미 없고 말초적인 것이 많다. 이런 것들은 소중한 시간을 너무나 쉽게 무의미한 것으로 만들고, 하나님께서 기뻐하시는 삶을 세워주기보다는 무너뜨리기가 쉽다.

지난 십여 년간 유튜브에 설교를 올려달라는 말을 수없이 들었다. 물론 몸이 아프거나 거리가 멀어 그렇게 들어야 할 분도 있을 것이다. 하지만 솔직히 유튜브에서 설교만 듣는가? 설교 한 편 듣고 나서 함께 뜨는 다른 영상들을 더 많이 보지 않는가? 그런데 많은 목사가 생각 없이 유튜브에 설교를 올린다. 예배의 공동체성이 파괴되고 예배의 모든 과정에 동참하는 것이 아니라 그저 설교만 지식적으로 취하는 형태로 예배 형태가 바뀌고 있는데도, 쉽게 접촉할 수 있다는 이유만으로 계속 그렇게 하고 있다. 정말 유튜브에 설교를 올리는 목적은 무엇인가? 자기 교회 홍보와 타 교회 성도 데려오기(수평 이동)는 아닌가? 정말 하나님의 영광을 드러내고 하나님 앞에 사람을 바로 세우기 위함인가? 최근에는 코로나 사태로 어쩔 수 없이 온라인 예배를 드리고는 있지만, 온라인 예배는 특수 상황에서 이루어지는 임시적인 형태이지, 그것이 어찌 일상적이고 바른 예배라고 할 수 있겠는가?

코로나 사태가 길어지면서 사람들은 천태만상으로 예배를 드리고 있는데, 얼마 전에는 유튜브 설교를 틀어놓고 뜨개질을 하면서 들을 수 있어 시간을 아꼈다는 어떤 권사님의 '주일 성수' 이야기를 들으며 참담함에 눈물이 났다. 누가 이렇게 만들었는가? 교회와 목사들이 스스로 그렇게 했다. 첨단의 도구를 무시하자는 것이 아니다. 모든 진리는 통로도 거룩해야 한다. 진리는 형식도 합당해야 한다. 본질은 내용만이 아니라 그 방식도 포함되는 것이다. 유튜브로 설교 한번 보는 것이 잘못되었다는 게 아니라, 그런 방식을 계속 고집하여 예배가 변질되는 것이 문제다.

한 고집스러운 목사의 생각일 뿐이라고 할지도 모르겠지만, 나는 모든 그리스도인이 정보를 얻기 위해 유튜브에 접속하더라도 진리를 얻기 위해서는 들어가지 않았으면 좋겠다. 진정한 예배는 인격적인 교제와 공동체 만남을 통해 이루어지는 것이기 때문이다. 진정한 예배는 예배의 전 과정에 모두 참여하고, 식사와 성도의 교제를 통해 나눔과 삶의 적용으로 이어지는 것이라고 믿는다. 인터넷을 통해 선교하고 사역하시는 분들이 잘못되었다고 하는 것이 아니다. 그런 사역도 귀하고 지지한다. 내가 하고 싶은 말은 가장 올바르고 정상적인 예배에 대한 것이다. 그 외의 다양한 성경공부나 제자훈련 방식은 각자 기도하고 합당하게 준비하면 될 것이다.

중요한 것은 본질을 지키려는 태도이며, 진정한 예배 형식에 대한 건강한 습관을 고수하는 것이다. 온라인 예배로 유튜브 예배로 당신의 영혼이 더 거룩해진다면 그렇게 하라. 하지만 나는 힘들더라도 함께 모여 삶을 나누고 식사하고 기도하며 신앙생활 할 것이다. 어떤 습관이 생명이 될지는 시간이 조금만 흘러보면 증명될 것이다.

어느 날 아침, 기도하는 중에 하나님께서 나에게 이런 깨달음을 주셨다. "악한 습관은 두세 번이면 생기지만, 선한 습관은 수십 번을 꾸준히 해내야 생긴다." 이것은 땅의 것에 초점이 맞추어져 있는 나에게 꼭 필요한 말씀이었다. 그리고 많은 성도에게도 삶의 교훈이 되리라 믿는다. 그렇다고 땅의 것이 모조리 나쁘다는 식으로 이원론을 펼치려는 것은 아니다.

우리가 한곳에 초점을 맞추면 당연히 포기하는 부분이 생기게 마련이다. 물이 가득 담긴 컵을 들고 쏟아지지 않게 걸으려면 그 컵에 초점을 맞추어야 한다. 주변을 돌아보려고 눈을 돌리는 순간 물은 쏟아진다. 그리스도인이라면 하나님과 그분과의 관계에 초점을 맞추라는 것이다. 땅의 것에 현혹되는 순간 우리 믿음은 깨어진다.

지극히 부족한 목사의 개인적인 의견일 수도 있지만, 안타까운 마음으로 당부하고 싶은 것이 있다. 인터넷에 교회와 목사와 성도를 욕하는 글은 이제 그만 올렸으면 좋겠다. 물론 우리는 자신을 점검하고 평가해야 한다. 그래야 성장할 수 있다. 그러나 그동안 인터넷에 누군가의 잘못을 폭로하고, 서로 깎아내리면서 얻은 유익이 있는가? 습관적으로 인터넷에서 누군가를 비판해대는 그리스도인 때문에 기독교의 신뢰도는 하루가 다르게 떨어지고 있으며, 주님의 몸 된 교회는 부정과 비리가 난무하는 곳이라고 손가락질을 당하고 있다. 이것이 과연 하나님 보시기에 옳은 일인가?

"그러면 목사님은 우리의 잘못을 쉬쉬하면서 무조건 감추자는 것입니까?"

당연히 아니다. 내가 쓴 이 책에도 비판하는 내용이 많다. 내가 하고 싶은 이야기는 모든 일에 균형이 필요하다는 것이다. 한국의 모든 교회와 목사와 성도가 다 잘못되었는가? 물론 아니다. 그렇다면 올바른 교회와 목사와 성도는 없는가? 당연히 있다. 그런데 기독교에 대해 떠도는 이야기 중 상당수는 부정적인 것들이다. 시골 교회 목회자의 눈물과 훌륭한 성도들 이야기는 쉽게 눈에 띄지 않는다. 인터넷 공간은 익명이라는 가면 아래 남 이야기 특히 남에 대한 비방과 정죄를 마음껏 쏟아내는 곳이 된 지 오래다.

나는 인터넷에 비방과 정죄를 일삼는 사람 몇 명을 실제로 만나 보았다. 그들에게는 대부분 특이한 교회와 목사에 대한 상처가 있었다. 그들 마음 한구석에는 정의와 진리에 대한 갈망이 아니라 원한이나 속상함이 있었다. 문제는 그들이 누군가를 아무리 비난하고 정죄하면서 널리 퍼뜨려도 그 비난의 대상은 크게 달라지지 않는다는 것이다. 오히려 자신만 더욱 삭막한 존재가 될 뿐이다. 진정한 영적 변화는 오직 성령님께서 하시는 것이다. 잘못된 교회와 목사를 한두 번 경고했다면 우리는 물러나야 한다. 긍휼한 마음으로 그들을 위해 기도하고 심판은 하나님께 맡겨야 한다. 그렇지 않으면 옳은 일을 하려고 수고하다가 결국 자기 영혼까지 잃어버릴 수도 있다. 그런 일을 하다 보면 정말 가치 있는 일에 대한 초점이 흔들리고 소중한 일을 하지 못하게 된다.

하나님께서 당신을 선지자로 부르셔서 성범죄 목사나, 돈을 착취한 교회나, 비리를 저지른 종교 조직 문제를 속속들이 파헤치라고 하지 않는 이상, 당신은 그것보다 더 중요한 일을 하라! 나의 외침이 정죄와 비난을 일삼고 피해의식에 빠진 사람들을 부디 변화의 길로 안내하길 바란다.

가치 있는 일에 대한 초점이 흔들린 이 시대 기독교의 가장 큰 비극은 바로 기도하지 않는 데 있다. 기도가 중요하다는 것은 모두 잘 알고 있다. 하지만 아는 것에서 그칠 뿐 진정 기도하지 않는다. 습관이 되지 않아서, 기도보다 더 급하고 중요하다고 생각하는 것이 많아서일 수도 있다. 또 목사들은 기도에 관한 책을 쓰느라고, 기도에 관한 강의를 하느라고 오히려 못할 수 있다. 하지만 솔직하게 말해서 기도의 능력을 체험하지 못했기 때문은 아닐까?

나는 주님께 선물 받은 하루라는 시간에서 10분의 1은 기도로 돌려 드려야 한다고 생각하며 실천한다. 나는 목사이기 전에 기도 없이는 살 수 없는 연약한 인간이기 때문이다. 그래서 오전 시간 대부분을 말씀과 기도로 채운다. '나'라는 존재는 신뢰할 만한 능력도 자질도 없기 때문이다. 결국, 하나님께서 하지 않으시면 내가 할 수 있는 일은 없다. 그래서 나는 끊임없이 기도한다. "주여 긍휼을 베푸소서. 주님께서 원하시는 것은 무엇입니까? 제 뜻이 아니라 주님 뜻이 이루어지게 하소서. 저에게 주님의 성품과 주님의 능력을 주소서, 당신의 사랑으로 나를 덮어주소서!" 기도하는 사람들은 인생의 가장 큰 초점을 한결같이 하나님께 맞춘다. 처음에는 자기 육신의 문제로 기도를 시작했더라도 깊어지면서 어느새 하나님 나라와 그 뜻에 초점을 맞추는 자신을 발견한다. 기도하는 것 자체가 하나님께 초점을 맞추는 일이기 때문이다.

그렇다면 기도가 사라진 삶에 남은 것이 무엇일까? 야고보는 '맹세'라고 말한다. 어떤 일을 내가 원하는 방식으로, 내가 기대하는 것에 초점을 맞추면 맹세를 자주 하게 된다. 이것은 자아와 혈기에 초점 맞춘 극단적인 삶이다. 맹세는 하나님께 초점을 맞추기보다 하나님을 이용하게 만들고, 그분이 이끄시는 인생의 과정보다 결과에만 초점을 맞추게 한다. 이렇게 잘못된 가치에 초점을 맞추는 '맹세하는 삶'은 오직 '기도의 삶'으로 역전할 수 있다. 기도를 통해 하나님께 초점을 맞추는 것이다. 그래서 야고보는 5장 12절에서 맹세를 강하게 금지한 후, 13절부터는 기도하라고 권면하는 것이다. 기도만이 우리 초점을 하나님께로 돌리는 강력한 통로다.

부족한 종이 번역한 야고보서 5장 12절부터 16절을 소리 내어 읽어보자.

나의 형제자매들이여! 이 땅에 목숨 걸지 마십시오. 땅의 것에 무리하게 목숨을 거는 사람은 함부로 맹세하게 됩니다. 하늘을 걸고도, 땅을 걸고도, 다른 어떤 대상을 걸고서라도 맹세하지 마십시오. 오직 여러분은 "예"라고 긍정해야 할 일에 마땅히 "예"라고 대답하고 "아니오"라고 부정해야 할 일에는 "아니오"라고만 함으로써 말의 실수를 벗어날 뿐만 아니라 땅에서 하늘로 그 초점을 옮기고 역전하십시오. 그것이 곧 하나님의 심판을 피하는 길입니다.

우리 중에 누군가가 고통을 당하면 낙망하지 말고 고개를 들어 주님께 기도하고, 우리 중에 누가 기쁜 일이 있다면 교만하거나 시기하지 말고 고개를 들어 주님을 찬양하십시오. 어떤 상황에서도 하나님께만 초점을 맞추라는 말입니다. 여러분 중에 아픈 사람이 있다면, 그 사람은 교회의 리더들을 불러 기도를 요청하십시오. 인간의 의술과 의약도 사용하면서 또한 예수님의 이름으로 기도하십시오. 믿음으로 기도하면 병든 사람도 낫습니다. 다만 궁극적으로 치유하게 하시는 분은 하나님이심을 잊지 마십시오. 그렇게 하면, 혹시 죄를 범해 병을 얻었더라도 용서받을 것입니다. 그러므로 여러분은 서로 죄를 고백하고 병든 자들의 영혼과 육체를 포함한, 모든 것의 회복을 위해 서로 기도하십시오. 진짜 그리스도인이 기도하면 놀라운 일이 많이 일어납니다.

이번 장을 시작할 때 소개했던 지혜의 이야기를 이어가보자. 감사를 제안했던 나에게 싸늘한 말을 했던 지혜는 매사에 부정적이었다가, 차츰 감사를 시작했다. 말씀을 새롭게 듣고 인생의 초점을 땅에서 하늘로 바꾸어나가기 시작했다. 나는 애석하게도 그 교회에 오래 있을 수 없었다. 하지만 그 짧은 기간 지혜에게는 많은 변화가 있었다. 부정적인 맹세의 언어가 감사와 기도의 언어로 바뀌면서, 현실이라는 땅의 문제에서 자기 약점을 통해 일하시는 하나님의 의도로 초점이 옮겨졌다. 내가 그 교회를 떠나기 전에 지혜가 마지막으로 나에게 했던 말이 있는데, 지금도 그 말을 잊을 수 없다.

"전도사님! 저는 정말 이 병이 빨리 나아서 건강해지고 싶어요. 그렇지만 몸이 건강해서 하나님을 멀리하고 육신적인 삶을 살게 된다면, 차라리 이 병과 함께하더라도 마지막 순간까지 하나님을 사랑하며 살고 싶어요. 제가 하나님 뜻에 합당한 삶을 사는 데 꼭 필요하다면, 이 병이 제게서 떠나지 않았으면 좋겠어요."

열네 번째 적용
말씀을 삶으로 살아내기

1. 지금 나에게 가장 큰 관심사는 무엇인가? 그 초점이 하나님과 그의 나라를 향하고 있는가? 아니면 세상을 향하고 있는가?

2. 나의 진짜 소원은 무엇인가? 만약 하나님께서 나의 소원을 하나 들어주겠다고 하신다면 무엇을 말하겠는가?

3. 아무도 없는 조용한 곳에서 나는 무엇을 즐겨 하는가?

4. 지금 맹세의 삶을 살고 있는가? 아니면 기도의 삶을 살고 있는가?

5. 나의 초점이 하나님께로 옮겨가 기도의 삶을 살려면 어떤 것을 비우고, 어떤 것을 채워야 하겠는가? 작은 감동이라도 지금부터 시작해보자.

11. 열 번째 길
야고보의 마지막 부탁

나의 형제들이여! 마지막으로 부탁합니다.
혹시라도 어떤 사람이 예수 그리스도와 복음에서 이탈하여
교회를 떠나거나 죄를 지었으나, 그런 사람을 도와
다시 예수 그리스도와 복음 안으로 들어오게 하려면
마음에 새겨야 할 것이 있습니다.
누구든지 죄지은 사람의 방향을 돌이키게 하는, 즉 삶을 변화시키는
유일한 방법은 철저한 용서뿐이라는 사실입니다.
이러한 용서를 실천하려면, 영혼을 사망에서 구원하시고
허다한 죄를 용서하신 하나님과 같은 마음자리에 서야만 합니다.
하나님의 그 마음으로 당신도 용서받았습니다.
그러니 바로 지금, 당신도 그 하나님 아버지의 마음으로 용서하십시오.

야고보서 5:19-20, MPT

나에게는 무척이나 가슴 아픈 이야기가 하나 있다. 그것은 아버지에 관한 것이다. 모르는 사람에게 핍박당하는 것보다 잘 아는 사람, 그것도 기대했던 사람에게 배신당하는 게 가장 견디기 힘들다. 그리고 그런 기억은 평생 지워지지 않고 마치 신발 속에 있는 바늘처럼 인생 내내 고통을 준다.

아버지는 나에게 '좋은 분' 그 이상이었다. 하나님을 위해 목숨을 바친 주의 종이었다. 자상하고 유머가 넘쳤으며, 남자답게 잘생겼고 필체가 탁월했으며 매사에 열정적이었다. 새벽에 서재에 앉아 묵묵히 말씀을 읽는 아버지의 모습이 얼마나 존경스러웠는지 모른다. 내게는 아버지가 위인전의 단골 인물인 세종대왕이나 링컨보다 더 훌륭했다. 아버지는 나의 롤 모델이었다. 초등학교 때, 존경하는 위인을 한 사람씩 적어 오라는 숙제에 나는 1초의 망설임도 없이 아버지의 이름을 적어 냈을 정도였다.

그러던 어느 날, 평생 어렵게 목회하다 지쳐 있던 아버지에게 유혹과 시련이 찾아왔고, 결국 아버지는 목회자의 옷을 벗으셨다. 물론 이 정도에서 그쳤다면 나는 아버지를 미워하지 않았을 것이다. 더 큰 문제는 그때 아버지가 교회의 한 여성도와 눈이 맞아 교회와 가족을 버리고 떠난 것이었다. 목회자가 그런 식으로 떠난 자리에 홀로 남았던 가족들의 비참함은 어떻게 설명할 도리가 없을 정도였다. 우리에게는 책장 안에 고스란히 꽂혀 있는 아버지의 많은 책 외에 남은 것이 없었다. 아버지를 너무나 존경하고 사랑했던 나는 당시 세상 어떤 단어로도 표현하기 힘든 고통을 온몸으로 받아내야 했다.

추운 겨울날, 쥐가 돌아다니는 낡은 상가 건물에서 스티로폼 한 장을 깔고 온 가족이 자야 했을 때, 마지막 한 개 남은 라면을 끓여 먹은 다음 동생과 건물 옥상에 올라가 부둥켜안고 하염없이 울었을 때, 이력서를 제출한 일터에서 아버지가 없다는 이유로 부정적인 평가를 받고 거절당했을 때 그리고 억울함과 미움과 분노가 치밀어 수많은 밤을 하얗게 지새울 때마다 나는 이렇게 소리쳤다.

"이게 다 아버지 때문이야!"

더 나아가 그런 아버지를 지켜주지 않은 하나님을 이해할 수 없었고, 시간이 지날수록 아버지에 대한 미움은 커져만 했다. 하나님을 평생 아버지라고 부르는 그리스도인에게 이보다 더 치명적인 사건이 있을까? 이처럼 나는 내가 가장 사랑했던 아버지에게 상처받은 첫째 아들로, 인생의 절반 이상을 보냈다. 이 책에 다 담을 수 없을 만큼 어둡고 무거운 터널 속을 눈물로 악에 받쳐 지났다. 어쩌면 한 사람을 향한 억울하고 속상한 감정을 삶의 연료로 태우면서 여기까지 온 것인지도 모르겠다. 아버지는 나의 졸업식, 결혼식, 목사 안수식, 십자가교회를 처음 개척하던 창립 예배에도 오지 않으셨다. 내가 아버지를 초대하지 않았기 때문이었다. 그때까지 나는 사람들에게 이렇게 말하곤 했다.

"아버지는 오래전에 돌아가셨어." 미워하는 사람을 용서하는 것이 최고의 the best 선택임을 알기 전까지는, 차라리 아버지가 죽었다고 말하는 것이 아버지와 내 영혼을 위해 내가 할 수 있는 좋은 good 선택이라고 생각했다.

하지만 말씀을 읽고, 주의 종으로 살아가면서 조금씩 깨달은 것이 있다. 원한 속에서는 아무것도 얻을 수 없다는 것이다.

복수는 복수를 낳고 미움은 더 큰 미움을 낳을 뿐, 절대로 세상을 변화시키지 못한다. 우리 아이들은 하루에도 수십 번씩 나에게 서로 잘못을 일러바친다. 그래서 가끔은 내가 검사인지 판사인지 모를 만큼 바쁜 하루를 보낸다. 동생은 누나가 무엇을 잘못했는지 이르고, 누나는 정의로운 심판관이 되어달라고 요청한다. 하지만 이미 말했듯 누가 옳고 그른지를 밝히는 것은 우리가 할 일이 아니다. 우리는 완전한 정의를 이루어낼 능력도 힘도 자격도 없다. 그것을 빨리 인정해야 하는데 그 일이 참으로 힘들다.

나는 그동안 불같은 성격 탓에 사람들과 논쟁도 많이 했고, 길에서 만난 이단들과 몇 시간 동안 싸우기도 했다. 그러면서 한 가지를 깨달았다. 옳고 그름의 판단, 즉 정죄로는 의미 있고 생명 가득한 변화를 만들어낼 수 없다는 것이었다. 논쟁에서 이기는 것만으로는 상대방을 변화시킬 수 없음을 깨닫자 언성 높여 싸우는 일을 그만두었다. 이성과 논리 체계로는 한 사람을 지배해온 신념 체계를 절대 바꿀 수 없다. 나는 지금까지 논쟁에서 패한 다음에 자기 삶이나 신념 체계를 바꾼 사람을 한 번도 본 적이 없다. 다음에는 꼭 이기겠다는 마음으로 그 체계를 더욱 강하게 붙잡을 뿐이었다.

마찬가지로 원한과 분노에 가득 차서 복수한다고 세상은

더 밝아지지 않는다. 더 큰 원한과 분노가 쌓일 뿐이다. 한국 사람은 일본인을 미워한다. 일본 제품을 구매하고 일본 문화는 따라 하면서 독도 문제가 불거지거나 일본과의 축구 경기가 있는 날에는 그들에 대한 분노를 삭이지 못한다. 우리는 끊임없이 일본을 정죄하지만 정작 그들을 변화시킬 사람은 어디 있는가? 마찬가지로 비그리스도인의 악한 문화는 답습하면서도, 그들을 정죄하고 비난하며 그저 부정적인 태도만 보일 뿐, 그들과 문화를 변화시키지 못하는, 더 정확하게는 변화시키기 어려운 상황이 되어가고 있다. 갈수록 세상은 더 거칠고 강퍅하게 서로 물고 뜯지만, 조금도 나아지지 않는다. 그러므로 사랑의 용서만이 이 모든 것을 해결하는 유일하고 강력한 무기임을 깨닫는다.

야고보서의 마지막 문장, 즉 5장 19-20절은 편지의 마지막 인사말이라고 하기에는 매끄럽지 못한 구절이다. 나는 이 말씀을 지금까지 수백 번도 넘게 읽었고 국내외의 탁월한 주석도 참고했지만, 이 두 절을 만족스럽게 풀어내는 주석이나 강해를 아직 만나지 못했다. 아마도 용서란 논리적 분명함과는 거리가 멀기 때문일 것이다. 하지만 야고보가 이 두 구절을 통해 전하고자 하는 말이 무엇인지는 가슴으로 분명하게 느끼고 있다. 그것은 '철저하게 용서하라'는 것이다. 그래서 나는 부족

하나마 마지막 구절을 이렇게 번역해보았다.

> 나의 형제들이여! 마지막으로 부탁합니다. 혹시라도 어떤 사람이 예수 그리스도와 복음에서 이탈하여 교회를 떠나거나 죄를 지었으나, 그런 사람을 도와 다시 예수 그리스도와 복음 안으로 들어오게 하려면 마음에 새겨야 할 것이 있습니다. 누구든지 죄지은 사람의 방향을 돌이키게 하는, 즉 삶을 변화시키는 유일한 방법은 철저한 용서뿐이라는 사실입니다. 이러한 용서를 실천하려면, 영혼을 사망에서 구원하시고 허다한 죄를 용서하신 하나님과 같은 마음자리에 서야만 합니다. 하나님의 그 마음으로 당신도 용서받았습니다. 그러니 바로 지금, 당신도 그 하나님 아버지의 마음으로 용서하십시오.

야고보는 지금 우리에게 철저히 용서하라고 도전하고 있다. 이 철저한 용서는 내 기준이나, 내 기분이나, 내 감정으로 하는 것이 아니다. 하나님의 마음으로, 하나님의 심장으로 해야 한다. 예수께서 일흔 번씩 일곱 번이라도 용서하라고 하셨듯이 우리는 그분의 말씀에 따라 용서해야 한다. 예수께서 자신을 세 번이나 부인한 베드로를 다시 부르시고, 더 큰 사명을 주시면서 그를 철저히 용서하신 것처럼, 우리도 용서해야 한다. 용서받은 자가 용서할 수 있고, 사랑받은 자가 사랑할 수 있다. 아니, 용서받은 자는 이제 용서해야 하고, 사랑받은 자는 이제 사랑해야 한다.

어느 날 엎드려 기도하는 중에 내 앞에 거대한 장애물이 있음을 발견했다. 그것 때문에 내가 더 나아가지 못하고 있음을 깨달았고, 변화가 필요하다는 것을 직감했다. 이제 개척하여 작은 교회를 시작했지만, 내가 변화되지 않으면 상황은 아무것도 달라지지 않는다는 사실을 알았다. 내 앞에 있는 가장 큰 장애물은 바로 '아버지에 대한 증오'였다. 하나님은 아버지를 '용서하라'고 하셨다. 하지만 나는 그 말씀에 순종할 수 없어 쉴 새 없이 원망의 눈물만 흘렀다. 가족을 버리고 떠나간 아버지로 수많은 날을 힘들게 하시더니 다시 그 아버지를 용서하라고 나를 더 힘들게 하시는 하나님을 이해할 수 없었다. 아니, 이해는 되었는데 순종하기가 싫었다.

다른 것은 다할 수 있지만, 그것만은 할 수 없었다. 아니, 솔직하게 말하면 원하지 않았다. 아버지를 자유롭게 해주는 것이 싫었다. 아버지가 남기고 간 책은 가난에 찌들었던 신혼 시절 다 팔아버렸다. 주석이며, 사전이며 할 것 없이 수백 권의 책을 팔았다. 다만, 딱 한 권만 남겨 놓았다. 아버지의 성경책이었다. 내가 성경을 수집하고 읽는 것을 좋아하기도 했지만, 아버지의 손 글씨가 가득 담긴 이 성경은 내가 어떻게 해도 버릴 수 없는, '성'姓과 같은 유물이었다. 그 성경책 첫 장을 펼치면 아버지의 글씨로 이런 글귀가 있다.

"하나님께서 사랑하시는데, 내가 사랑하지 못할 사람은 없다." 하나님께서 아버지를 용서하라고 특별히 말씀하신 그 날, 아버지의 성경책을 펼쳤는데 항상 똑같아 보였던 그 글귀가 그날따라 이렇게 읽혔다. "하나님께서 용서하시는데, 내가 용서하지 못할 사람은 없다." 그리고 그 순간 깨달았다. '아, 그렇구나! 내가 내 힘으로 용서하려고 하니까 안 되는구나. 주님께서 용서하신 것처럼 용서해야겠구나.'

다시 기도했다. "주님, 아버지를 용서할 힘과 능력을 주세요!" 용서는 한순간에 되지 않았다. 계속된 반복과 순종이 이어져야 가능했다. 이따금 사람들이 물어본다. 어떻게 아버지를 용서했냐고. 나는 아버지를 만날 수 없었기에, 또한 만나고 싶지 않았기에, 거울을 보며 날마다 말했다. 그 거울 안에는 내가 가장 많이 닮은 아버지가 있었기 때문이다. "아버지, 당신을 주님의 마음으로 용서합니다." 처음엔 절대로 쉽지 않았다. 이내 얼굴이 일그러지고 눈물이 솟구쳤다. 하지만 포기하지 않고 계속했다. 훈련으로 연단되어 근육이 생기는 것처럼, 계속되는 순종으로 용서의 근육이 생기는 것을 느꼈다. 그리고 그 영의 근육이 충분히 커진 날, 아버지의 연락처를 알아내 용기를 내어 전화를 드렸다. 하지만 막상 아버지의 음성을 들으니 침착하게 말하기가 어려워 이메일로 장문의 편지를 보냈다.

나는 아버지를 용서한다는 내용을 담은 이메일을 보냈다. 많이 울었다. 쓰고 지우기도 했다. 하지만 진심으로 아버지를 용서하는 마음으로, 나를 용서하시고 온 인류를 용서하신 예수님의 마음으로 한 글자 한 글자를 이어서 용서의 편지를 보냈다. 나중에 아버지는 그 편지를 읽고 하염없이 우셨다고 했다. 참으로 놀라운 사실은 내가 아버지를 용서함으로 그를 자유롭게 하는 줄 알았는데, 사실은 그 용서로 내가 자유로워졌다. 그날 이후로 몸의 아픈 곳도 많이 회복되고, 사람들 사이의 오해도 사라졌다. 물질의 문제도 안정되어갔다. 모든 것을 여기에 다 쓸 수 없지만 확실하게 말하고 싶은 것은, 용서에는 놀라운 힘이 있다는 것이다. 내 삶에 매여 있던 많은 것이 용서와 함께 풀어졌다. 무엇보다 이제 평생 용서의 복음을 전해야 하는 내 영혼을 자유롭고 담대하게 했다.

베드로가 성전 미문에서 장애인을 일으킨 것은 자기 능력이 아니라고 말했듯, 나 역시 내 인격이 고상하여 아버지를 용서한 것이 아니다. 그러니 무용담을 늘어놓고 싶지는 않다. 오직 하나님의 은혜로, 하나님의 사랑으로 나는 아버지를 용서했다. 더 이상 지난날의 아버지가 해주지 못한 것에 대한 원망도 없고, 이혼한 가정에서 고생하며 살아온 날에 대해서도 불평하지 않는다. 나는 아버지를 위해 용서한다고 오랫동안 생각했지만, 용서는 결국 나 자신을 위한 것이었다. 용서의 가장 큰 수혜자는 용서받은 자가 아니라, 용서한 자임을 나는 확신한다.

다만 나처럼 누군가를 용서해야 할 사람이 있다면 도움이 되도록 해주고 싶은 말이 있다. 용서는 감정의 문제가 아니라 용서는 순종의 문제라는 점이다. 물론, 아무 느낌 없이 용서하라는 것도 아니고 그렇게 되지도 않는다. 하지만 시각을 바꾸어야 한다. 즉, 충분히 감정이 수긍하지 않아도 할 수 있다. 마치 밥맛이 전혀 없어도 몇 숟가락 입에 넣으면 한 끼를 챙길 수 있는 것처럼, 용서도 감정과 기분으로만 접근하지 말고 의지와 순종으로 나아가면 누구든지 할 수 있다.

주님을 위해 십자가도 지고, 목숨도 내놓겠다고 하는 사람들이 왜 용서는 할 수 없는가? 주님을 위해 무엇이든 하겠다면 용서도 충분히 할 수 있어야 한다. 다만 지금까지 이 책에서 지속해서 말했던 것처럼 하나님께 지혜를 구하고, 기도하고, 은혜를 구해야 한다.

다시 말하는데 용서하면 전혀 다른 시간표가 내 앞에 열린다. 용서가 힘든 이유는 어쩌면 감정만이 아니라 우리가 세상 원리에 너무 잡혀 있어서일 것이다. 우리는 세상 방식에 깊게 심취하여 이기려고만 한다. 하지만 예수님은 이 땅에 이기려고 오시지 않았다. 오히려 지려고 오셨다. 당신께서 져 주심으로써 나를 변화시키려고 오신 것이다. 그 옛날 야곱과 씨름하던 천사도 사실 져주려고 왔듯이 말이다. 하지만 진다는 말에 너무 억울해하지 않아도 된다. 예수님은 져 주시고, 죽으심으로 끝난 것이 아니다. 그분이 죽으셨기에 부활할 수 있었고, 진정으로 역전이 가능해졌다. 진정으로 이기려면 져야 하고, 진정으로 살려면 죽어야 한다. 진심으로 용서받고자 하면 용서해야 한다.

담임목회를 15년 정도 하면서 특별한 비밀을 하나 알게 되었다. 그것은 누구나 세상에 태어나 '용서받을 사람'과 '용서할 사람'을 만난다는 것이다. 우리가 용서받아야 할 사람은 잘 알 것이다. 대표적으로, 예수님이다. 그게 끝이 아니다. 우리는 반드시 용서해야 할 사람을 만난다. 부모님일 수도 있고 배우자일 수도 있고 자녀일 수도 있고 동료나 친구일 수도 있다. 잔인하게 들리겠지만 하나님은 반드시 우리가 용서할 사람을 만나게 하신다. 우리를 괴롭히려고 그러시는 것이 아니라, 내 존재를 변화시키시려고 그렇게 하신다. 나를 용서할 수 있는 사람이 되게 하시려고, 바로 작은 예수가 되게 하시려고 그렇게 하신다.

그러므로 눈을 들어 용서할 사람을 직시하라. 그리고 내 힘과 능력으로 그 사람을 용서하려고 하지 말고 나를 용서하신 분을 기억하고 감사하는 마음으로 용서하라. 용서를 훈련하고 용서를 연단하라. 용서할 힘을 달라고 기도하고, 작은 것부터 용서하라. 해가 질 때까지 원한을 품지 말고, 특히 하나님께서 보내신 목회자와 동역자 그리고 배우자를 용서하라.

용서하는 자는 진정으로 주님을 닮게 될 것이다. 그 사람이 받아주지 않을 것을 생각하지 말고 내가 하나님께 순종하는 것을 핵심으로 삼아라. 그래서 예수께서도 예배를 드리러 오기 전에 싸운 사람이 생각나면 제물을 제단 위에 놓고 그 사람에게 가서 화해부터 하라고 하셨으며(마 5:23-24), 화가 나더라도 그날 안으로 분을 풀어 마귀에게 틈을 주지 말라고 바울도 말했다(엡 4:26-27). 바울은 모든 사람과 평화를 이루라고 부탁하기도 했다(롬 12:18).

다시 말한다. 용서하라. 용서할 힘을 달라고 기도하라. 반복적으로 용서하라. 우리는 날마다 용서하는 훈련을 해야 한다. 그래야 주님을 닮는다. 그래야 변화가 일어난다. 야고보서를 단지 귀로만 듣는 것이 아니라 그 안에 담긴 말씀의 능력을 눈으로 보게 된다. 당신이 용서한 것처럼 주님도 당신을 용서하신다. 그래도 용서가 안 되는 사람들이 있다면 조금은 충격적인 말씀을 읽어보자.

> 너희가 사람의 잘못을 용서하면 너희 하늘 아버지께서도 너희 잘못을 용서하시려니와 너희가 사람의 잘못을 용서하지 아니하면 너희 아버지께서도 너희 잘못을 용서하지 아니하시리라(마 6:14-15).

　이 구절은 우리가 소위 '주기도문'이라고 부르는 마태복음 6장 9-13절 바로 뒤에 이어진다. 예수님께서는 용서가 얼마나 중요한지, '주님의 기도'에 이미 포함되었음에도 다시 한번 용서를 강조하신다. 나는 주기도문을 13절에서 끊어버리고 그다음을 주의 깊게 읽지 않는 모습이 참 안타깝다. 이 모두가 주님의 말씀인데 말이다. 그러므로 주님께서 이토록 강조하고 도전하시는 말씀에 우리도 순종하여 인생을 역전시켜야 할 것이다.
　5장 20절을 끝으로 야고보서는 끝난다. 야고보는 안부를 전하는 인사말도 없이 편지를 마무리했다. 자신이 꼭 하고 싶었던 말이고, 누군가에게 꼭 들려주고 싶었던 말이라서 그랬을까? 혹은 이 갑작스러운 마무리를 통해 그 강력한 메시지가 오래도록 우리 마음에 남기를 원했던 것은 아닐까 짐작해본다. 어쩌면 인간적인 인사말을 마지막에 배치하면 자신이 하고 싶었던 말의 의미가 희석될까 봐 그랬을지도 모른다.

무엇인가 이상하게 마무리된 이 마지막 구절은 내 가슴에 강하게 새겨졌다. 지금 당신에게도 그렇게 되길 바란다. 어쩌면 이 한 구절 때문에 주님은 이 책 한 권을 읽게 하셨는지도 모른다. 지금 당신 마음에 들어오는 그 하나님의 마음을 거절하지 말라, 순종하려는 자에게 하나님은 능력을 주신다. 당신의 삶이 행복해지길 진심으로 축복한다. 남은 인생이 자유하게 되기를 진심으로 기도한다. 하나님께서 주신 아름다운 이야기가 당신의 삶으로 완성되길 진심으로 바란다.

용서의 삶을 시작하라! 바로 지금부터!

열다섯 번째 적용

말씀을 삶으로 살아내기

1. 지금 내가 용서할 수 없는 사람의 이름을 적어보자. 나는 왜 그를 용서할 수 없는가?

2. 하나님께 그 사람을 용서할 힘을 달라고 기도하자. 감사를 훈련하듯 용서도 매일 훈련해보자. 그 사람이 내 앞에 있다고 생각하고 큰 소리로 용서를 선포해보자. "나는 주님의 마음으로 당신을 용서합니다"라고.

3. 주님께서 나를 용서하신 것을 기억하라. 그분께 받은 용서로 다양한 용서의 방법을 기도해보라. 오늘 당장 하지 못해도 시작할 수는 있다. 마태복음 19장 26절은 "사람으로는 할 수 없으나 하나님으로서는 다 하실 수 있[다]"고 말한다. 용서는 감정만이 아니라 순종의 문제임을 생각해보고, 그렇게 했을 때 변화될 인생을 축복해보자.

나가는 이야기

아내가 첫째를 낳던 날이 마치 어제 일처럼 생생하다. 우리는 병원에 가지 않고, 대신 조용한 조산원의 작은 방에서 새 생명을 함께 기다렸다. 산통이 시작되고 양수가 터진 지 3일 만에 첫째 딸이 태어났다. 꼬박 3일을 뜬눈으로 지새우며 아내의 온몸을 주무르고, 수술해야 하는 위기 상황을 겨우 넘긴 후에야 기적적으로 태어난 것이다. 딸 다소가 처음으로 내 손을 잡았을 때, 나는 감격에 겨워 눈물을 흘렸다.

하지만 감격스러운 출생의 순간보다 그다음으로 이어지는 삶의 현장이 훨씬 더 중요하다. 출산의 고통보다 더 아프고 딸이 내 손을 잡을 때 느꼈던 감격보다 더 진한 떨림이 있는,

진짜 삶이 우리 앞에 펼쳐진다. 우리는 평생 출산의 감격만 간직한 채 살아갈 수는 없다. 더 거대하고 더 위대한 삶이 우리를 기다리기 때문이다. 출산 이후의 삶에서 가장 감격스러운 순간은 이 세상에 특별하게 온 그가 아름답게 성장하는 과정을 목격하는 일이다. 사람 비슷하게 태어난 아이가, '진짜 사람'이 되어 가는 것 말이다.

마찬가지로, 그리스도인 한 사람이 감격스러운 탄생과 같은 구원을 경험한 후, 고난을 이기며 성장해 하나님의 길로 가는 과정은 감격 그 이상의 놀라운 과정이다. 그래서 진짜 복음으로 구원받은 우리 인생이 가짜 그리스도인으로 전락하는 것을 보면 너무나 고통스럽다. 너무나 많은 그리스도인이 예수 그리스도의 십자가를 통해 힘들게 얻은 인생에 고난 없는 삶, 십자가 없는 삶이 주어지길 바란다.

하지만 고난, 기도, 기다림, 성실함, 용서와 같은 진짜 그리스도인이 가야 할 길을 따라가지 않는다면 아무런 변화가 없고, 변화가 없으면 성장이 없으며, 성장이 없으면 결국 가짜로 드러난다. 십자가 없이는 부활도 없는 것처럼 말이다.

그래서 야고보서의 핵심은 '가짜 그리스도인'의 삶을 '진짜 그리스도인'의 삶으로 역전하는 데 있다. 그렇게 하려면 적극적인 신앙으로 거듭나야 한다. 그리고 이 적극적인 신앙으로 역전하려면 몸의 모든 부분이 실천 도구가 되어야 한다. 야고보서를 읽으면서 느꼈겠지만 눈, 입, 심장 그리고 손과 발이라는 몸 전체, 전 인격이 역전되는 과정에서 궁극적으로 우리는 '예수 그리스도를 닮는' 것에 초점을 맞춘다.

너무 많은 사람이 복음에 담긴 신앙을 양극단으로 치우치게 하고 있다. 하나는 예수 믿고 죽어서 천국 가는 것에만 초점을 맞추는 초월적 신앙관이고, 또 다른 하나는 천국과의 연결이 부재한 상태에서 그저 예수 믿어 세상에서만 잘 먹고 잘사는 것에 관심을 두는 기복적 현세 신앙관이다. 그들은 그저 예수를 이용해서 자기 소원을 이루는 게 전부인 삶을 산다.

이 두 극단에 치우친 신앙은 마치 볼링 핀을 전혀 맞추지 못하고 양쪽 홈으로 빠져 버리는 볼링공의 운명과 같다. 제대로 굴린 볼링공이 볼링핀 모두를 쓰러뜨리듯이 진짜 신앙은 예수 믿고 천국 가는 것만을 목표로 두지 않으며, 이 세상에서 복 받는 것만을 추구하지 않는다. 오히려 고난과 시련을 이기며 역전하여 그리스도를 닮아가는 것이 진짜 신앙이다. 멋지게 스핀을 먹인 볼링공이 한쪽 홈으로 빠질 듯하다가 서서히 곡선을 그리며 볼링 핀 1번과 2번 사이를 치고 들어가 스트라이크를 만드는 그 감격과 역전이 이제 우리 이야기가 되어야 한다.

유명한 발레리나가 4시간 동안 혼신의 무대를 마치고 내려오자 사방에서 자리를 지키고 있던 기자들이 연신 사진을 찍어 댔고, 관객들의 환호와 박수가 멈추지 않았다. 기자 한 명이 마이크를 내밀며 감격스러운 표정으로 물었다. "정말 멋진 공연이었습니다. 이번 무대에서 당신이 춤으로 말하려 한 것은 정확하게 무엇인가요?"

발레리나는 잠시 생각하더니 이렇게 반문했다.

"글쎄요. 그걸 정확하게 말로 할 수 있었다면, 제가 4시간 동안이나 춤을 추었겠어요?"

많은 사람이 성경의 진리를 교리나 법조문으로 바꾸려고 한다. 물론 성경의 내용을 잘 정리해서 그 뜻을 파악하려는 시도는 선한 열정이며 당대의 이단에 대처하려는 노력이었을 것이다. 하지만 그런 노력은 마치 시를 산문으로 바꾸고, 춤을 말로 바꾸려는 노력처럼 필연적으로 안타까운 손실을 가져왔다. 새 한 마리를 정확하게 알고자 새의 털을 모두 뽑아 무게를 재고 가슴을 열어 그 안의 장기를 다 검사하여 객관적인 정보를 정리한 뒤 이제 '새를 알았다'라고 하는 순간, 이미 그 새가 죽었음을 깨닫는 것과 같다. 새의 날갯짓과 목소리는 그렇게 알 수 있는 것이 아니다. 다시 말해, 오늘도 살아 계신 하나님의 말씀이 언제라도 삶으로, 특히 고난 가운데 살아가는 그리스도인의 삶을 역전하는 적극적인 힘으로 바뀌지 않는다면 우리 믿음은 죽은 것이다.

나는 성경이 단순한 정보나 지식의 나열이 아니라 화음을 이루는 음악과 같다고 말하고 싶다. 또 성경은 바람과 햇살을 맞으며 자란 생명체라고 표현하고 싶다. 말씀이 길이 되고 삶이 될 때까지 우리는 계속 읽고, 지속해서 살아내야 한다. 감정의 신앙, 지식의 신앙에서만 머물지 말고, 이제는 의지의 신앙으로 성장해야 한다.

내가 이 책을 쓴 이유는 야고보서 말씀이 내 삶을 통과하며 드러내셨던 것을 고백함으로써, 하나님의 말씀과 능력이 그 누구에게라도 분명히 일어날 수 있음을 보여주고 싶었기 때문이다. 이 글을 읽는 당신의 삶에도 변화가 일어나기를 기대하며 모든 글에 마음과 정성을 담았다. 특히 그 누구보다 십자가교회 성도들의 삶에 실제적인 변화가 일어나기를 소망하는 마음으로 이 글을 썼다.

정확한 시간에 예배가 시작되어 물 흐르듯 순서가 착착 진행되고 감동적으로 마무리가 되었지만, 성도들은 변화되지 않고 그대로라면 그것만큼 비참한 예배는 없다. 마찬가지로 책을 읽었지만 물과 절대 섞이지 않는 기름처럼 마음속으로 아무것도 스며들지 못하고, 삶에는 전혀 변화가 없다면 그것은 시간낭비에 불과하다. 이 책을 다 읽었다면, 당신을 아끼는 마음으로 묻고 싶다. 그냥 넘어가지 말고 반드시 답을 해보라.

- 당신이 지금처럼 살아간다면, 5년 후, 10년 후, 종국에는 주님을 만날 때 어떤 모습이 될까?
- 당신이 지금까지 당한 여러 고난과 어려움은 복음으로 역전되고 있는가?
- 당신이 사려는 모든 물건이 진짜이기를 바라듯, 하나님도 당신이 진짜이길 바라시지 않겠는가?
- 당신의 삶은 어떻게 하면 역전되고 진짜가 될 수 있겠는가?

두 가지 간절한 부탁을 하고자 한다.

첫 번째는 야고보서를 겸손한 마음으로 다시 한번 천천히 읽어보라는 것이다. 소리 내어, 야고보의 심정이 되어서, 이 두루마리 편지를 받은 첫 성도의 마음으로 말이다. 모든 단어와 글의 논리가 다 이해되지는 않더라도 마치 좋은 꽃향기가 몸에 밸 때까지, 향기로운 커피 냄새가 입안에 가득해질 때까지 기다리듯 충분한 인내심을 가지고 꾸준히 읽어보자.

두 번째, 말씀을 읽다가 성령님께서 "이렇게 해봐"라는 감동과 찔림을 주신다면 삶으로 옮겨보자. 흘려듣지 말고 반드시 행동으로 옮겨보자. 작은 것부터 시작하자. 실제적인 변화를 일으킬 힘을 달라고 기도하자. 행함이 없는 죽은 신앙이 되지 않도록 살아 움직이자. 제발 한두 번 하고 포기하지 말고 꾸준히, 성실히 해보자.

    7년 전에 이 책이 처음으로 나온 후에, 많은 분이 격려와 함께 기도제목을 보내주었다. 나는 그분들의 모든 기도제목을 7년간 성실히 기도했다. 대다수 기도제목만 주고 어떻게 마무리되었는지 말해주지 않았지만 나는 매일 기도했음을 밝힌다. 그리고 이제는 그 기도제목에서 자유하려고 한다. 그때보다 기도할 일이 몇 배로 많아졌기 때문이다. 그들 덕분에 나는 이 책의 제목과 내용 앞에서도 여전히 부끄럽지 않게 서 있게 되었다. 그래서 그분들에게 감사를 드린다.

    이제는 이 책을 읽을 미래의 독자를 위해 기도한다. 이 책을 읽는 모든 그리스도인의 내면에 그리스도의 성품이, 그들의 실제 삶에는 그리스도의 능력이 드러나길 소망한다. 야고보서의 내용이 글로 멈추지 않고 책을 읽는 모든 분의 만남과 공간과 관계 속에서 풍성하게 누려지기를 진심으로 기도한다. 악하고 음란하며 심하게 기울어진 이 땅에서 당신 앞에 펼쳐진 완전한 생명의 길을 역전의 능력으로 당당하게 걸어가길 축복한다.

우리는 이미 그리스도께서 죽음에서 생명으로 역전하신 길을 따라가는 것이다. 그러므로 염려하지 말고 그분의 길로만 잘 따라가자. 쉬운 길은 아니지만 정말 신나는 길이 될 것이다. 다시 한번 힘주어 말한다. 가는 길과 목적지는 다르지 않다. 진짜 그리스도인의 길, 그 역전의 길로 함께 나아가자!

부록 1.
야고보서 개인 번역

그 말씀(예수님)이 육신이 되신 것처럼(요 1:14), 야고보의 말씀이 성도들의 실제적인 삶이 되기만을 바라면서 야고보서 개인 번역인 "풀어쓴 성경"MPT, Mountain's Personal Translation 을 나눈다.

이 번역은 헬라어와 권위 있는 다양한 번역본들을 많이 참고해 최선을 다해 쉬운 우리말로 옮겼으나 의미역이기 때문에 기존의 성경을 대신할 권위는 전혀 없다. 다만, 이 책을 다 읽은 후 마지막으로 천천히 읽어봄으로써 이 책의 내용과 이야기들이 정리되어 마음 깊이 새겨지길 소망한다.

야고보서

1 하나님과 주 예수 그리스도의 종이 된 나, 야고보는 흩어져 지내는 이스라엘의 영적인 열두 지파, 곧 이 세상에서 나그네로 지내는 성도 여러분에게 인사드립니다.

나의 형제자매들이여! 여러분이 그리스도인으로 살아가면서 여러 시험을 마주하게 된다면 감사하는 마음으로 그 시험들을 철저히 기쁘게 받아들이십시오.

3-4 여러분은 바로 그런 존재로 새로 태어났기 때문입니다. 여러분이 마주하는 여러 시험은 여러분의 존재를 연단하기 위한 과정일 뿐입니다. 여러분은 이 고난과 시련 가운데 깨달은 진리를 철저히 삶과 행동으로 살아내십시오. 바로 그 삶으로 살아내는 인내의 과정을 온전히 통과할 때 여러분은 예수님의 마음과 능력을 갖춘 진짜 그리스

도인으로 완성되는 것입니다.

⁵ 하지만 여러분 중에 그 과정에서 당하는 여러 고난을 이겨 낼 힘과 지혜가 필요하다면 하나님께 기도하십시오. 그러면 하나님께서 꾸중 한마디 하지 않으시고 풍성하게 지혜를 주실 것입니다.

⁶⁻⁸ 다만 기도할 때 조금도 의심하지 말고 믿음으로만 구하십시오. 의심하는 기도는 바람에 요동하는 바다 물결처럼 불안정한 상태로 우리를 내몹니다. 생각해보십시오. 누가 흔들리는 기초 위에 물건을 담아 놓겠습니까? 하나님도 흔들리는 믿음을 가진 사람 위에 어떤 기도 응답도 담아 놓으실 수 없습니다. 더 심하게 말해, 믿음이 흔들리는 불안정한 사람은 이중 첩자 같은 사람이라서 사람에게도 하나님께도 신뢰받을 수 없어 그 어떤 가치 있는 것도 얻을 수 없습니다.

⁹⁻¹⁰ 여러분 중에 가난한 그리스도인이 있다면 가난을 통해 하나님께서 당신을 높이실 것을 기뻐하고 자랑하십시오. 철저히 감사하십시오. 또한, 여러분 중에 부유한 그리스도인이 있다면 자신이 가진 것을 나누어 줌으로써 자신 안에서 오직 하나님만 높아지는 것을 기뻐하고 자랑하십시오.

¹¹ 이 땅의 삶과 부귀영화는 풀의 꽃과 같이 금방 지나가는 것이니 언제든 삶의 중심을 하나님께 두어야 합니다.

¹² 특히 삶의 중심을 하나님께로 옮기는 과정에서 능력 있게 승리하는 비결은 철저히 감사하는 데 있습니다. 감사는 시험을 통해 연단받은 사람에게 생명의 면류관을 줄 것입니다. 이 면류관은 주님을 사랑

하는 사람에게 하나님께서 약속하신 것이기 때문입니다.

¹³⁻¹⁴ 시험을 당하더라도 "나는 지금 하나님 때문에 시험을 받고 있다"라고 하지 마십시오. 하나님은 악한 존재들에게 시험을 당하지도 않으실 뿐만 아니라 그분 스스로 아무도 시험하지 않으시기 때문입니다. 오히려 각 사람이 시험을 받는 이유는 자신의 욕망에 이끌리고 유혹을 당하기 때문입니다.

¹⁵ 유혹의 시험을 받아들여 자주 넘어지면 결국 그 사람 안에 자리 잡은 욕망이 잉태하여 죄라는 자녀를 낳으며 그 죄라는 자녀는 완전히 자라 결국 사망이라는 결과로 끝나게 됩니다.

¹⁶ 여러분은 이러한 사탄의 유혹과 속임수에 빠져들면 안 됩니다.

¹⁷ 반대로 하나님의 것에 집중하고 하늘 위에 있는 것들을 갈망하십시오. 모든 영적인 선물과 모든 완전한 은사는 위에서부터, 즉 빛들의 아버지이신 하나님에게서 오기 때문입니다. 하나님께서는 이 땅에서 사람들이 추구하는 욕망이나 유행처럼, 태양의 움직임에 따라 바뀌는 그림자처럼 변덕스럽지 않으시고 오히려 태양 그 자체의 빛처럼 영원히 지속하는 가치로 빛나십니다.

¹⁸ 하나님께서는 이미 인간을 향한 계획을 결심하시고 우리를 진리의 말씀으로 낳으셨습니다. 하나님께서 창조하신 피조물 중에서 바로 우리를, 구원받은 영적인 존재의 첫 열매가 되게 하신 것입니다.

¹⁹⁻²⁰ 사랑하는 형제자매들이여! 듣는 일은 속히 해야 합니다. 그러나 말하는 것은 천천히 하십시오. 또한, 화내는 일에도 천천히 하십시

오. 사람이 분노하면 하나님의 의를 이룰 수 없기 때문입니다.

21 그러므로 여러분은 온유한 마음, 곧 하나님의 마음으로 자신을 채워서 모든 더러운 삶의 방식과 극단적인 표현 및 온갖 악한 행동들을 철저히 버리십시오. 오직 여러분의 영혼을 구원할 수 있는 능력의 말씀, 곧 이미 여러분이 마음으로 받아 영혼 안에 뿌리를 내린 하나님의 말씀을 적극적으로 환영하고 받아들이십시오.

22 아울러 이제는 그 말씀을 행하십시오! 단지 듣기만 하고 실천하지 않아 자신마저 속이는 가식적인 그리스도인이 되지 마십시오.

23-24 누구든지 말씀을 듣고 행하지 않는다면, 거울을 통해 자기 외모를 본 후에 금방 그 모습을 잊어버리는 사람처럼 됩니다. 이는 마치 낚싯바늘을 입에 물었다가 입이 터졌는데도 또 그 낚싯바늘로 다시 입을 내미는 물고기와 다를 바가 없습니다.

25 그러나 진실로 사람을 자유하게 하는 온전한 법칙 곧 복음을 향해 집중하고 그 가치를 삶으로 옮기는 사람은 하나님 말씀을 듣고 나서 잊거나 무관심하지 않고 오히려 삶에서 능동적인 열매를 맺는 사람으로, 이런 사람은 하는 일마다 복을 받습니다.

26 만약 어떤 사람이 자기가 경건한 사람이라고 자부하면서도 자신이 말하는 것을 조심하지 않는다면 오히려 자기 영혼 안에 들어온 하나님의 말씀을 속이고 배신하는 것이며, 이러한 사람의 신앙생활은 헛된 종교생활이 될 것입니다.

27 하나님 아버지 앞에서 정결하고 깨끗한 신앙생활은 어려운 상황에

있는 고아와 과부들을 보살피고, 이 악한 세상으로부터 분리되어 자기 영혼과 육체 전부가 더러워지지 않도록 지키는 것입니다.

2 나의 형제자매들이여! 여러분은 예수님을 닮아가는 사람들이니 외모로 사람을 판단하지 마십시오.

2-4 예를 들어, 여러분이 모여 예배드리는 곳에 비싼 옷과 액세서리를 한 사람이 들어오고, 동시에 누추한 옷에 액세서리 하나 없이 허름해 보이는 옷을 입은 사람이 들어올 때 비싼 옷을 입은 사람에게는 다가가 "여기 좋은 자리에 앉으세요"라고 친절하게 말하면서, 허름한 옷을 입은 가난한 사람에게는 무관심하고 거칠게 말한다면 여러분끼리 사람을 차별하여 악한 생각으로 남을 판단하고 심판하는 것이 아니겠습니까?

5 나의 사랑하는 형제자매들이여! 들어보십시오. 하나님께서는 이 세상에서 가난한 사람들을 선택하셔서 그들이 믿음 안에서 부유하게 하시고, 하나님을 사랑하는 사람에게는 하늘나라를 선물로 주시겠다고 약속하지 않으셨습니까?

6 그런데 여러분은 하나님께서 선택하신 이 가난한 사람들을 무시했습니다. 여러분이 그렇게 관심을 두는 부유한 사람들은 오히려 여러분을 억압하고 긍휼과 자비를 베풀기보다는 여러분을 법적으로 불평등하게 대하지 않았습니까?

7 무엇보다 부유한 자들은 여러분에게 주어진 그리스도인이라는 아

름다운 이름을 모독하지 않습니까?

8-9 만약 여러분이 성경 말씀처럼 "너의 이웃을 너 자신처럼 사랑하라"라는 이 최고 계명을 지킨다면 잘하는 일이지만, 사람을 외모로만 보고 편파적으로 판단하는 삶을 산다면 여러분은 죄를 짓는 것입니다. 여러분은 이미 유죄판결을 받은 셈입니다.

10-11 누구든지 법률 전체를 잘 지키다가 그중 하나라도 어기면 그 사람은 법률 전부를 어긴 것과 다름없습니다. "간음하지 말라!"라고 말씀하신 하나님께서 또한 "살인하지 말라!"라고 하셨기 때문입니다. 즉, 당신이 간음하지 않더라도 살인한다면 하나님의 법률 전부를 어긴 사람으로 취급받습니다.

12 그러므로 여러분은 이제 구약의 법률보다 더 엄격한 기준으로 제시된 예수님의 법률에 따라 심판을 받을 것이니 바로 이 예수님의 법률, 곧 복음의 높은 수준에 합당하게 말하고 그러한 삶을 살아내십시오.

13 결국 긍휼을 베풀지 않는 사람은 긍휼 없는 심판을 맞이합니다. 하지만 긍휼을 베푸는 삶을 산다면 마지막 심판의 자리에서 긍휼을 얻고 크게 기뻐하게 될 것입니다.

14 나의 형제자매들이여! 언제까지 머릿속 지식으로만 하나님을 믿는다고 할 것입니까? 누구든지 믿음이 있다고 하면서 행함이 없다면 무슨 유익이나 소용이 있겠습니까? 그런 믿음이 어떻게 자신을 구원하겠습니까?

15-16 예를 들어, 형제나 자매가 추운 날씨에 입을 옷도 없고 그날 먹을 음식도 없는데, 여러분 중 누구라도 그저 말로만 이런 불쌍한 사람들에게 "따뜻하게 입으시고 좋은 음식을 잘 챙겨 드세요"라고 말하고 실제로 필요한 도움을 주지 않는다면, 아무 유익도 소용도 없습니다.

17 이처럼 믿음도 지식만 있고 행함이 함께하지 않는다면 그것은 그 자체로 죽은 것입니다.

18 그래도 당신이 고집스럽게 지식만 추구하고 행함이 없는 신앙을 주장한다면, 나는 이렇게 말하고 싶습니다. 당신에게는 믿음이 있고 나는 행함이 있다고 합시다. "당신은 나에게 행함 없는 믿음을 보여주십시오(하지만 보여줄 수 없을 것입니다)! 그러면 나는 행함으로 나타나는 믿음을 보여주겠습니다!"

19 당신은 하나님이 한 분이라는 사실을 알고 있습니까? 이런 지식이 있다는 것은 좋습니다. 하지만 마귀에게도 그런 지식은 있고 또 실제로 두려워하기도 합니다. 그러나 마귀에게는 행함이 없습니다.

20-21 행함은 없고 지식만을 강조하는 가짜 그리스도인이여! 행함 없는 믿음이라는 것이 얼마나 무가치한 것인지 제가 보여드리겠습니다. 우리 믿음의 조상 아브라함이 그의 아들, 이삭을 제단에 바치는 행동을 하여 하나님께 의롭다는 인정을 받은 게 아닙니까?

22-24 다시 말해, 아브라함의 믿음은 그의 행함과 함께 나타난 것이며 행함으로 그 믿음이 완성되었습니다. 성경에 기록된 "이제 아브라함

이 하나님을 믿었고 하나님은 그를 의롭게 여기셨으며 그는 하나님의 친구로 불렸다"라는 말씀이 이루어진 것입니다. 아브라함 이야기를 통해 우리가 깨닫는 진리는, 단지 지식적인 믿음이 있다고 의로워지는 것이 아니라 행함으로 이어질 때 의로워진다는 것입니다.

25 또한, 창녀인 라합도 여리고 성을 살피러 온 이스라엘 정탐꾼들을 목숨 걸고 환영해 돌보아줌으로써 여리고 성이 멸망할 때 구원을 받았습니다. 즉, 그녀에게는 지식만 있었던 것이 아니라 실제로 자기 지식대로 행함으로써 구원받은 것입니다.

26 결론적으로 말해 영혼이 없는 몸이 죽은 것과 마찬가지로 행함이 없는 믿음도 죽은 것입니다.

3

나의 형제자매들이여! 명예욕에 눈이 멀어 높은 위치에 올라, 가르치는 선생이 되려고 하지 마십시오. 이런 선생의 위치에 있는 사람이 하나님으로부터 더 큰 심판을 받게 된다는 사실을 여러분이 잘 알고 있기 때문입니다.

2 사람이란 누구나 실수를 하기 마련인데, 말을 많이 해야 하는 높은 위치에 서면 당연히 더 많은 실수를 할 수밖에 없기 때문입니다. 물론 어떤 사람이 말을 하는 데 전혀 실수가 없다면, 그는 완전한 자이며 자신의 온몸도 조절할 수 있는 사람입니다.

3-4 소나 말의 입에 재갈을 물리면, 우리는 그 동물의 몸 전체를 부릴 수 있습니다. 또한, 거대한 배도 항해사가 움직이는 아주 작은 키에

의해 그가 원하는 방향으로 나아갑니다.

5-6 이처럼 혀도 몸에서 작은 지체이지만 큰 힘이 있습니다. 마치 작은 불이 큰불을 일으키듯 사람의 혀는 큰불을 일으키는 실마리가 되며, 매우 파괴적이고 치명적인 영향력을 전체에 끼칠 수 있습니다. 혀를 한번 잘못 사용했다가 인생 전체가 지옥불로 타버릴 수도 있습니다.

7-8 세상의 모든 짐승은 적절한 시간만 투자하면 사람이 쉽게 길들일 수 있지만, 사람의 혀는 노력만으로 길들일 수가 없습니다. 그래서 혀는 변덕스러운 지체이고 치명적인 영향력으로 가득합니다.

9-10 문제는 그리스도인조차 이 혀로 우리의 주인 되신 하나님 아버지를 찬양하기도 하고, 똑같은 혀로 하나님 형상으로 지어진 사람들을 저주하기도 한다는 것입니다. 결국, 한 입에서 찬양과 저주가 나옵니다. 나의 형제자매들이여, 이렇게 하는 것은 잘못이며 이렇게 되어서는 안 됩니다.

11-12 예를 들어, 하나의 샘에서 단물과 쓴 물이 동시에 나온다면 어떻게 되겠습니까? 또한, 좋은 과실나무에서 이상한 열매가 함께 맺히는 일은 도저히 상상하기 힘듭니다.

13 말은 언어에서 끝나지 않고 결국 삶으로 이어집니다. 여러분이 참으로 지혜롭고 진정한 그리스도인이라고 자부한다면, 아름다운 언어가 아름다운 삶으로 이어지게 하십시오. 선한 삶의 모습을 통해 자신이 가진 그 지혜의 온유함이 입에서 출발해 손과 발로 이어지도록 하

십시오.

¹⁴ 하지만 만약 마음속에 지나친 시기심과 이기심 혹은 분노와 다툼이 일어난다면, 절대로 그것들이 자기 영혼의 주인이 되도록 하지 마십시오. 그것들이 내 인생을 마음대로 휘두르도록 하지 마십시오. 오직 모든 말을 시작할 때에 하나님 말씀에서 출발하십시오. 하나님의 말씀을 내 마음의 지혜로 삼으십시오.

¹⁵⁻¹⁶ 자기 마음속에 떠오르는 어떤 지혜가 하나님의 말씀을 거스른다면 그것은 하늘에서 주어진 영적이고 참된 지혜가 아니라 세속적이며 정욕적이고 마귀적인 지혜이며, 질투와 이기심, 비난과 분열을 일으키는 언어로 이어져 결국은 혼란과 무질서를 낳고, 필연적으로 악한 결과로 끝날 것입니다.

¹⁷ 그러나 하늘에서 주어진 영적이고 참된 지혜는 무엇보다 우리가 일상에서 사용하는 언어 자체를 거룩하게 만들어 결국 평화, 관용, 유순, 긍휼 그리고 선한 행동이라는 열매로 이어집니다. 이러한 과정은 너무나 선명하여 그럴듯한 속임수나 위선적인 가식이 비집고 들어올 수 없습니다.

¹⁸ 진정한 그리스도인은 이러한 지혜로 말하고 살아감으로써 평화를 이루어내는 사람입니다. 그들은 평화의 씨앗을 뿌림으로 하나님께서 기뻐하시는 삶, 곧 의로운 열매를 거둡니다.

4 왜 여러분 안에서 싸움과 다툼이 일어나는지 아십니까? 여러분의 육체적인 욕망을 어떻게든 채우려는 탐욕스러운 땅의 갈망이 너무도 강하기 때문입니다. 물론 사람의 갈망 자체가 다 나쁜 것은 아닙니다.

² 핵심은 사람을 죽이고 살인하고 온갖 인간적인 방법을 다 사용해도 육체에서 일어나는 욕망을 결코 채울 수 없다는 것입니다. 보아도 먹어도 입어도 만족하지 못합니다. 더 나아가, 우리에게는 이런 악한 갈망뿐 아니라 선한 갈망도 있는데, 이런 것들은 왜 이루어지지 않을까요? 그 이유는 무엇보다 모든 것을 기도로 시작하지 않기 때문입니다.

³ 그렇다면 기도로 시작했는데도 얻지 못하는 이유는 무엇일까요? 과정과 목적이 잘못되었기 때문입니다. 잘못된 방식과 목적으로 기도를 이어가고 있기 때문입니다. "주시옵소서!"라고 간절히 기도하지만 결국 하나님 나라와 뜻이 아닌 자기 정욕과 욕망을 채우려 하기 때문입니다. 그러므로 이제 우리는 모든 기도의 시작과 과정과 목적을, 거기 더해 갈망 자체까지 하나님께 넘겨 드려야 합니다.

⁴ 하지만 여전히 하나님도 믿고 세상도 사랑하는, 창녀 같은 신앙을 가진 성도들이여! 여러분은 알지 못합니까? 세상과 친구가 되는 것은 하나님과 원수가 된다는 사실을 말입니다. 이것은 매우 교만하고 이중적인 삶입니다. 우리는 둘 다 사랑할 수 없습니다. 누구든지 세상과 친구가 되고자 한다면 하나님과 원수가 됩니다.

⁵ 아울러 "우리 안에 거하시는 성령님께서 당신의 사람들을 질투하듯 사랑하신다"(마치 사랑하는 사람이 자신만 바라봐주길 원하는데 오히려 다른 사람을 좋아할 때 그 연인을 향해 시기하듯이)라는 말씀이 그저 듣기 좋은 표현에 불과하다고 생각합니까? (아닙니다. 실제로 그렇습니다. 하나님은 우리를 너무 사랑하셔서 우리가 다른 것에 눈독을 들이면 질투하십니다!)

⁶ 이제는 하나님만을 향해 더 큰 사랑과 은혜를 구합시다. 하나님만을 향하며 겸손의 길을 걸어야 합니다. 하나님께서는 "교만한 자를 대적하시고 겸손한 자에게 은혜를 주신다"라고 하셨기 때문입니다.

⁷ 그러므로 여러분은 하나님께 순종하는 삶을 사십시오. 마귀를 대적하십시오. 그러면 마귀가 여러분에게서 도망갈 것입니다.

⁸ 여러분은 하나님을 가까이하십시오. 그러면 하나님도 가까이하실 것입니다. 습관적인 죄에 빠져 있는 그리스도인이여! 손으로 하는 모든 일을 깨끗하게 하십시오. 두 마음을 품은 그리스도인이여! 여러 방향으로 갈라지는 마음을 하나로 모아 거룩하게 하십시오!

⁹⁻¹⁰ 슬퍼하십시오! 애통해하십시오! 통곡하십시오! 여러분의 웃음을 애통으로 바꾸십시오. 즐거움을 근심으로 바꾸십시오. 모든 교만한 태도를 회개하십시오. 돌이키십시오! 주인 되신 하나님 앞에서 겸손히 자신을 낮추십시오! 그러면 하나님께서 여러분을 높이실 것입니다.

¹¹ 형제자매들이여! 서로 비난하지 마십시오. 형제나 자매를 비난하

거나 판단하는 자는 법을 비난하고 판단하는 것이며, 법을 비난하고 판단하는 것은 곧 그 법을 만드신 분을 교만한 태도로 무례하게 대접하는 일과 같습니다. 만약 당신이 법을 판단한다면 당신은 법을 지키는 사람이 아니라, 심판하는 사람이 되는 것입니다.

12 그러나 법을 주신 분과 그 법을 기준으로 심판하시는 분은 오직 하나님 한 분뿐이십니다. 어째서 당신은 사람이면서 감히 하나님처럼 높아져서 이웃을 심판하려고 하는 것입니까?

13-15 어떤 사람은 이렇게 말합니다. "오늘이나 내일 어떤 도시로 가서 거기서 일 년 정도 머물면서 장사하고 큰 이익을 남길 계획이다." 하지만 그들은 내일이라는 시간 역시 하나님 손에 있음을 모릅니다. 우리 인생은 내가 원하는 대로 착착 진행되는 선명한 청사진이 아니라 잠시 있다가 사라져버리는 안개와도 같습니다. 오히려 우리는 "내 인생의 주인은 하나님이시다. 그러니 주님 뜻대로 살아야겠다. 내가 무엇을 하든지 시작을 하나님께 드리고 주님이 정말로 원하시는 일을 해야겠다. 사람을 만나든, 물건을 사든, 무슨 일을 하든지 간에 하나님께서 원하시는 것을 하겠다"라는 고백과 태도로 살아야 합니다.

16-17 그런데 지금, 여러분은 교만해져서 마음껏 자랑하는 삶을 살고 있습니다. 이러한 교만에 물든 자랑은 모두 악한 일입니다. 그러므로 하나님께서 원하시는 선한 삶이 무엇인지 배워 알면서도 그렇게 살지 않는다면 이미 죄악 된 영역에 들어와 있는 것입니다.

5 이 땅의 가치에 함몰되어 소위 부자로 살아가기를 추구하는 사람들이여! 이제 곧 여러분에게 다가올 고난을 예상하고 통곡하며 우십시오! 여러분의 재산은 이미 썩고 있으며 아끼는 물건들 역시 무가치해질 것입니다.

³ 여러분이 가장 귀하게 여기는 부동산과 재산들도 의미 없이 사라질 날이 다가오고 있습니다. 생명 되시며 참 인격이신 하나님과의 관계보다, 죽음 같은 비인격적인 우상에 모든 것을 걸었으니 결국 여러분이 갈망한 가치가 지닌 비극적인 결말을 목격할 것입니다. 열심히 부지런히 일 분 일 초를 아껴 크로노스의 시간을 살았지만, 하나님의 카이로스를 준비하지 못했으니 평생 급한 일만 하다가 정작 중요한 일은 끝내지 못했음을 마지막 순간에 깨닫게 될 것입니다.

⁴ 보십시오! 여러분을 사장이라고 불러준 사람들을 착취하고 또한 탈세해서 모은 하나님의 돈과, 주일과 예배 시간까지 아끼면서 악착같이 사용한 하나님의 시간이 마지막 심판대 앞에서 당신의 유죄를 증명할 증거와 증인이 될 것입니다.

⁵ 머리를 굴려가며 나름대로 열심히 살았지만, 결국 여러분은 이 땅에서 사치하고 방탕하게 살았을 뿐입니다. 하나님께서 모든 사람을 심판하실 마지막 때가 되면, 여러분은 도축 당하는 소나 돼지와 같은 운명을 맞이할 뿐입니다.

⁶ 자신이 만든 시간표에, 자신을 위해 만든 계획만 바라보며 달려간 인생은 결국 예수님을 십자가에 못 박는 삶과 마찬가지입니다. 예수

님은 마지막까지 기다리셨고 여러 기회를 주셨지만, 여러분은 무참하게 그분을 거부했습니다.

⁷ 그러므로 진짜 그리스도인이여! 예수님께서 재림하실 때까지 오래 참으십시오. 보십시오! 농부는 때에 맞는 비가 내리기까지 오래 참으며 기다려서 결국 땅에서 나는 귀중한 열매들을 추수합니다.

⁸ 농부의 마음으로 여러분도 오래 참으십시오! 마음을 강하게 지키십시오! 이제 곧 주님의 나라와 그분의 시간이 다가오기 때문입니다.

⁹ 형제자매들이여! 서로 원망하거나 불평하지 마십시오. 심판을 받지 않으려면 그렇게 해야 합니다. 보십시오. 심판자 되신 예수 그리스도께서 오실 날이 머지않았습니다.

¹⁰ 형제자매들이여! 주님의 이름으로 말씀을 전하다가 고난을 받고 오래 참았던 선지자들의 삶을 본받으십시오.

¹¹ 보십시오! 우리는 끝까지 견뎌낸 사람들을 복되다고 여깁니다. 여러분은 이미 욥의 인내를 들었으며 그러한 욥에게 하나님께서 어떤 일을 베푸셨는지 보았습니다. 욥의 이야기를 통해 하나님은 자비와 긍휼이 풍성한 분이라는 사실이 드러났습니다.

¹² 나의 형제자매들이여! 이 땅에 목숨 걸지 마십시오. 땅의 것에 무리하게 목숨을 거는 사람은 함부로 맹세하게 됩니다. 하늘을 걸고도, 땅을 걸고도, 다른 어떤 대상을 걸고서라도 맹세하지 마십시오. 오직 여러분은 "예"라고 긍정해야 할 일에 마땅히 "예"라고 대답하고 "아니오"라고 부정해야 할 일에는 "아니오"라고만 함으로써 말의 실수

를 벗어날 뿐만 아니라 땅에서 하늘로 그 초점을 옮기고 역전하십시오. 그것이 곧 하나님의 심판을 피하는 길입니다.

¹³ 우리 중에 누군가가 고통을 당하면 낙망하지 말고 고개를 들어 주님께 기도하고, 우리 중에 누가 기쁜 일이 있다면 교만하거나 시기하지 말고 고개를 들어 주님을 찬양하십시오. 어떤 상황에서도 하나님께만 초점을 맞추라는 말입니다.

¹⁴⁻¹⁶ 여러분 중에 아픈 사람이 있다면, 그 사람은 교회의 리더들을 불러 기도를 요청하십시오. 인간의 의술과 의약도 사용하면서 또한 예수님의 이름으로 기도하십시오. 믿음으로 기도하면 병든 사람도 낫습니다. 다만 궁극적으로 치유하게 하시는 분은 하나님이심을 잊지 마십시오. 그렇게 하면, 혹시 죄를 범해 병을 얻었더라도 용서받을 것입니다. 그러므로 여러분은 서로 죄를 고백하고 병든 자들의 영혼과 육체를 포함한, 모든 것의 회복을 위해 서로 기도하십시오. 진짜 그리스도인이 기도하면 놀라운 일이 많이 일어납니다.

¹⁷⁻¹⁸ 엘리야를 기억하십시오. 그도 우리와 마찬가지로 감정과 혈기를 지닌 사람이었으나, 비가 오지 않도록 간절하게 기도하자 3년 6개월 동안 땅에 비가 내리지 않았습니다. 그리고서 다시 기도하자, 하늘이 비를 내리고 땅은 그 비를 받아 마심으로 땅의 소산인 열매를 낸 것입니다.

¹⁹⁻²⁰ 나의 형제들이여! 마지막으로 부탁합니다. 혹시라도 어떤 사람이 예수 그리스도와 복음에서 이탈하여 교회를 떠나거나 죄를 지었

으나, 그런 사람을 도와 다시 예수 그리스도와 복음 안으로 들어오게 하려면 마음에 새겨야 할 것이 있습니다. 누구든지 죄지은 사람의 방향을 돌이키게 하는, 즉 삶을 변화시키는 유일한 방법은 철저한 용서뿐이라는 사실입니다. 이러한 용서를 실천하려면, 영혼을 사망에서 구원하시고 허다한 죄를 용서하신 하나님과 같은 마음자리에 서야만 합니다. 하나님의 그 마음으로 당신도 용서받았습니다. 그러니 바로 지금, 당신도 그 하나님 아버지의 마음으로 용서하십시오.

부록 2.
코로나 상황에서의 목회

2020년 코로나19 바이러스 팬데믹 상황은 개인적으로도 매우 고통스럽게 시작되었다. 남들은 전도사 시절에도 몇 번씩 다녀오는 성지순례를, 교회 개척하고 담임목사가 된 지 15년 만에 처음으로 갈 수 있었다. 하지만 때맞춰 들이닥친 이 코로나 때문에 나는 그 과정을 절반도 채 마무리하지 못했다. 예루살렘도 가보질 못했다. 힘들게 돈을 모으고 어렵게 일정을 조정해서 그렇게 긴 비행시간을 견디며 이스라엘에 갔지만, 결국 더 힘들게 다시 집으로 돌아와야 했다. 50년 가까이 살면서 그렇게 비통한 순간은 많지 않을 정도였다. 돌아오는 비행기 안에서 처음에는 포탄이 옆에서 터진 것처럼 멍했고, 그다음에는 그 포탄에 사랑하는 전우가 죽은 것 같은 분노가 일었다. 하지만 아무리 짙은 구름이 있더라도 그 위로는 태양이 찬란하게 빛나는 것을 보면서 "그래, 이 위기를 기회로 만들어보자"라는 소망이 생겼다. 그리고 돌아가면 만나게 될 사랑하는 성도들과 교회를 생각하며 기도하게 되었다.

한국에 돌아와 코로나 사태에 관한 책들을 구해 닥치는 대로 읽고 또 기도했다. 그리고 이 과정에서 묵상하고 깨달은 것들을 여기에 정리해보았다. 완벽한 정답지가 아니라 다양하게 조립해 만들 수 있는 퍼즐 조각처럼 여겼으면 한다. 그래서 약간 설익었지만 이것을 디딤판 삼아 생각해보지 못했던 것을 새롭게 보고, 성령님께서 각자의 사역에 감동을 주셔서 동역자들의 사역에 의미 있는 도구가 되었으면 좋겠다.

1. 극단을 피하자

무엇이든 사실 자체보다 중요한 것은 해석이고, 사건보다 중요한 것은 반응이다. 코로나 상황에 대한 해석과 반응은 다양할 수 있으나, 우리가 피해야 할 극단적인 태도가 둘 있다. 하나는 '이 또한 지나가리라' 하는 (성경에도 없는) 말을 하면서 방심하거나 무시하는 것이다. 또 하나는 지나치게 예민하게 반응하여 코로나를 하나님의 심판이나 종말론 및 음모론적 도구인 양 연결하는 것이다. 그 결과, 한쪽에서는 방역에 실패한 일부 교회들 때문에 한국 교회 전체가 욕을 먹는 상황이 되었고, 다른 한쪽에서는 사람들이 부정적인 두려움에 사로잡혀 건강한 일상생활과 신앙생활을 하기 어렵게 만들었다. 하나는 멈추게 했고 또 하나는 레일을 벗어나도록 부추겼다. 코로나를 그런 도구로 사용되게 해선 안 된다. 오히려 우리의 속도와 방향을 건강하게 재조정하는 기회로 삼아야 한다.

여기서 중요한 것은 담임목사의 태도다. 담임목사가 극단적인 태도를 보이면 설교가 그런 방향으로 흐르고 교회 전체 분위기도 그렇게 되기 쉽다. 훌륭한 리더는 단편적인 지식 몇 조각과 어설프게 만든 유튜브 몇 편을 시청하고 나서 성급한 결정을 내려서는 안 된다. 최소한 권위를 인정받은 책이라도 몇 권 읽어보고 제대로 된 상황 파악을 한 다음, 무엇보다 말씀을 읽고 기도해서 성령께서 주신 감동에 따라 지혜롭게 표현하고 적절한 태도를 취해야 한다.

이것은 국가 정책이나 교회의 목회적 결정에 대해서도 마찬가지다. 목회자 개인의 정치적 성향에 관해 왈가왈부하고 싶지는 않다. 교회에는 다양한 성향의 사람이 모여 있고 우리가 지금 보고 듣는 것은 모두 부분적일 수밖에 없다. 따라서 우리는 극단적인 태도로 국가와 사회 및 상황에 대해 판결해선 안 된다. 다른 교회의 결정에 대해서도 쉽게 비판하지 말아야 한다. 어디나 조금씩 부족하며 누구나 실수할 수 있다. 극단적인 태도로는 극단적인 결과가 나올 뿐이다. 목회자는 순간순간 하나님의 마음을 담지한 선지자의 심정으로 그 상황 앞에 서야 한다.

다시 말하지만, 상황보다 중요한 것은 반응이다. 아무리 어려워도 지도자가 넉넉한 마음으로 반응하면 여유 있게 위기를 통과할 수 있고, 위기를 기회로도 바꿀 수 있다.

2. 전체를 크게 보자

문제가 생기면 사람들은 대부분 원인 분석에 너무 소홀하고 그러다 보니 대안은 늘상 좁다. 쉽게 말해 이 사태의 원인은 '이것' 하나 때문이며, 해결책도 '저것' 하나라는 식이다. 하지만 우리는 코로나 사태 앞에서 자신을 좁은 관점 안으로 구겨 넣기보다 더 넓은 시야를 확보하는 기회가 되어야 한다.

코로나 사태의 원인은 단순히 중국 때문만은 아니다. 코로나 사태는 근본적으로 인간의 죄 문제에 있다. 하나님께서 우리에게 주신 자연이라는 선물을 정복과 이용의 도구로만 생각했고 대다수 교회도 환경에 대해 아예 생각조차 하지 않았다.

교회가 그동안 초점을 맞추어온 것은 솔직히 개인 구원 정도이고 기껏해야 자기 교회의 부흥 정도였다. 하지만 이번 코로나 사태는 교회가 자연과 환경과 이웃, 나아가 세상 전체를 보도록 했다. 죄가 단순히 말씀 하나 어긴 것이 아니라, 맡겨진 환경과 자연을 함부로 관리하지 못하고, 인간 제도와 법이 바로잡히지 않은 데 있음을 알게 했고, 구원이 '죽어서 천국 가는' 정도의 좁은 의미의 영혼 구원이 아니라 피조계 전체의 구원이라는 보다 넓은 관점에 비로소 눈을 뜨게 했다.

더 나아가 교회도 자기 교회 부흥만이 전부가 아니라 지역 교회를 넘어서 한국 교회 전체를 생각하게 했다. 지금부터라도 그렇게 해야 한다. 교회들은 이제 그런 넓게 펼쳐진 죄와 구원의 문제를 다루고, 이제는 교회와 지역이 연합하여 나가야 한다. 교회가 교리적으로나 생태적으로 섬이 되어서는 더 이상 교회 자체의 문제도 해결할 수 없음을 코로나 시대는 도전한다. 우리 교회의 부흥만이 목회의 전부가 아니라 교회가 속한 지역이 함께 하나님 나라가 되도록 교회의 공공성에 관심을 가져야 한다.

예를 들어보자. 자신이 사는 동네에 어떤 상점이나 건물이 들어오면 좋겠는가? 분명히 생기면(개업하면) 좋겠다고 생각하는 상점이 있는가 하면, 그런 업종은 절대 들어오면 안 된다고 반대하는 상점도 있을 것이다. 그렇다면 각자 자신이 몸담은 지역에서 '교회가 하나 더 생긴다'는 사실에 대해 지역 사람들은 어떻게 생각하고 반응할까? 사람들이 생각하는 아름다운 교회는 어떤 모습일까? 물론 우리의 목회가 사람들의 반응에만 좌우되도록 해선 안 되지만, 교회가 그저 이기적인 모습으로만 기억된다면 하나님께서 우리에게 부탁하신 세상의 소금과 빛이 되라는 명령은 아무도 신경 쓰지 않는 레토릭으로 남을 것이다.

그러므로 이제 개척하는 교회만이 아니라 어느 정도 자리 잡은 교회도 시각을 넓혀 교회가 지역과 함께 건강하게 공존하고 변화하면서 지역 공동체에 어떤 은혜와 사랑을 나눌 수 있을 것인지에 대해 구체적으로 확인하고 실천하려는 시도를 해야 한다. 다시 말해, 이제 교회는 지역사회의 공공성을 고민하고 다른 지역교회와의 연합을 통해 코로나 사태가 준 위기를 기회로 만들어야 한다.

3. 치유하는 교회가 되자

교회사를 살펴보면 질병의 위기 속에서 죽음의 공포를 이겨내면서 이웃을 돕고 사랑한 교회들을 만난다. 그렇게 해서 교회는 지역에서 큰 영향력을 끼쳤고 이런 위기가 기회가 되어 많은 사람은 교회로 발걸음을 했다. 지금은 질병 관리와 치료를 전문 기관에서 체계적으로 하고 있다. 교회가 그런 인재들을 공급하고 적당한 도움을 줄 수 있으면 금상첨화겠지만, 그보다는 코로나 바이러스 사태 장기화로 수고하는 의료진이나 상처받은 사람들을 복음적으로 도와주는 것이 더 좋겠다. 재정적이고 관계적인 또한 영적인 고통을 받은 사람들에게 교회는 어떻게 도움이 될 수 있을까를 고민해야 한다. 이를 위해 교회는 지역사회와 성도들에게 다양한 의견을 받아도 좋고, 성도들의 특별한 역량에 따라 섬길 통로를 만들어도 좋을 것이다. 교회 규모가 작아서 힘들다면 지역교회끼리 연합하여 교회 안과 밖의 코로나 피해자들을 섬기고 도울 수 있을 것이다.

 담임목사가 이것을 다 할 수는 없다. 그런 태도를 도전하고 방향을 제안해 의견을 수렴하고 작은 것부터 실천해보면, 교회 안에서 코로나로 어려운 분들에서 시작해 교회 밖에서 도울 영역과 내용은 무척 다양하기 때문이다. 교회 홈페이지나 다양한 창구를 통해 성도들과 지역사회의 필요에 민감하게 귀를 기울인다면 교회에게 할 일이 보일 것이고, 코로나 사태의 진행 여부와 상관없이 교회는 세상을 치유하는 공동체로 자리매김할 것이다. 이렇게 하면 교회의 영향력이 미치는 영역을, 교회 건물과 성도만이 아니라 지역과 세상으로 확장하는 기회가 된다.

4. 본질과 비본질을 점검하자

코로나 사태로 기존 교회 운영이나 목회 방식에 많은 충격과 변화가 반강제적으로 이루어졌다. 쉽게 대면으로 만날 수 없고 마음껏 전도하기 어려우며 무엇보다 성도들 마음속에 이전보다 두려움이 더 강해졌다. 그렇다고 아무것도 하지 않고 무조건 비접촉으로 예배와 심방을 온라인 전환하는 것도 좋은 방법은 아니다. 정확하게 말하자면 코로나 사태는 '모든 것을 할 수 없게' 만들었다기보다는 '이제는 어떤 것이든 제대로 해야 하는' 시간이 된 것이다. 우리 사역에 시간과 방법의 제약과 만남의 한계가 더욱 강화되었기에 목회자는 그 시간과 방법을 지혜롭게 사용해야 한다. 그렇게 하려면 먼저 지금까지 해오던 목회의 내용과 방법에서 본질과 비본질을 점검해야 한다. 그래서 본질적인 내용과 방법은 지키되, 비본질적인 부분은 절제하고 수정하고 변형할 용기가 필요하다.

① **무엇을 두려워하는가? 건강한 두려움인가 병든 두려움인가?**

코로나 사태로 많은 성도가 두려워하고 있다. 이제는 우리가 무엇을 두려워해야 하는지 그 본질을 점검해야 한다. 우리가 진정 무서워해야 할 것은 무엇인가? 코로나와 그로 인한 합병증인가? 아니면 사람들에게 욕먹는 것인가? 하나님을 경외한다는 것은 무엇을 말하는가? 이런 부분에서 목회자는 지속해서 건강한 두려움이 병든 두려움을 이길 수 있음을 확신 있게 전해야 한다.

② 교회의 본질은 무엇인가? 교회가 끝까지 사수해야 할 것과 바꾸어도 괜찮은 부분은 무엇인가?

내용은 본질이고 형식은 비본질이 아니다. 내용 중에도 본질과 비본질이 있고 형식 중에서도 본질과 비본질이 있다. 목회자는 이것을 신중하게 점검해야 한다. 지금까지 목회 현장에서 해왔던 행사와 전통을 점검하고 분별하여 본질은 더 사수하고, 비본질은 융통성 있게 변화할 수 있도록 모색해야 한다.

③ 교회가 지금까지 진행해온 여러 모임과 행사에서 본질과 비본질은 무엇이었는가?

코로나 상황에서 건강하게 진행해야 할 것과 그만두어야 할 것은 무엇인가? 조금 방법을 수정해서 계속 진행할 것과 방법 자체를 완전히 바꾸어야 할 것은 무엇인가? 더 나아가 그

두 가지를 함께 하는 데 필요한 기술, 사람, 이해 그리고 성도 전체의 합의점은 무엇인가? 특히 온라인 예배와 오프라인 예배가 병행되면서 사역자가 포기할 수 없는 것을 우선순위로 잡고, 과감하게 변형하거나 포기해도 될 것은 무엇인지를 계속 수정하고 고민하고 기도해야 한다.

5. 코로나 시대의 목회 방향에 대한 제안

수많은 전문가가 예측하듯 코로나 상황은 한번 일어난 후에 끝날 1회성 사건이 아니라 앞으로 반복해 그 변이가 일어날 가능성이 충분히 있다. 그렇다고 두려워만 할 일은 아니다. 이것을 마치 계절처럼 생각해보면 어떨까 한다. 계절에 여름이 있듯 겨울도 있다. 여름에 필요 없다고 겨울에 쓸 물건을 버리지 않는다. 그런 식으로 앞으로 또다시 닥쳐올 코로나 위기를 마치 추운 계절을 맞이하는 것처럼 준비하며 대비한다면 우리는 목회에서 분명 더 나은 방향을 기대할 수 있을 것이다.

① 설교 (예배를 포함하여)

코로나 계절에는 예배의 양적인 기회는 줄어들 수밖에 없다. 온라인으로 예배드릴 수 있다고는 하지만, 유튜브를 시청하며 예배하고 설교 듣는 것은 밀도가 낮을 수밖에 없다. 그러므로 이제 목회자들은 예배와 설교에 더 집중해야 한다. 비유적으로 말해, 예전에는 밥 먹을 기회가 많아 여러 번 조금씩 가볍게 먹어도 되었지만, 코로나 계절에는 밥 먹을 기회가 줄기에 한 끼를 먹어도 든든히 먹어야 한다. 그러므로 설교자는 단순한 윤리 도덕 설교나 인간적인 감동만 주는 가벼운 설교가 아니라, 말씀에 깊이가 있고 영혼 안쪽까지 파고들 수 있으며 무엇보다 깊은 적용이 가능할 정도로 메시지를 준비해야 한다. 적용이 깊다는 것은 설교를 들은 후에 금방 잊히지 않고 일주일 동안 묵상하고 실천하고 열매를 맺을 만한 설교가 되어야 한다는 것이다. 듣고 나면 금방 잊고 무엇을 적용해야 할지도 모르는 두루뭉술한 설교는 이제 그만두어야 한다. 삶으로 이어질 수 있는, 최소한 일주일의 삶에 영적인 파문을 일으킬 정도의 영향력이 설교 한 편에 담겨야 한다.

　아울러 취약 계층의 예배 참여가 어렵고 주일학교 부서의 교육이 약해질 수 있기에 부서별 예배보다는 가족 예배로 형태를 전환하고, 적용도 일상생활에서 일주일을 살며 가족 전체가 함께 실천할 수 있는 내용으로 도전하면 좋다. 그래서 부모는 지금까지 교회 교사들에게 영적 교육을 위탁하고 아무것도 하지 않았던 태도를 고치고 스스로 자녀의 영적 스승이 되어 자신도 살리고 자녀도 살리는 방향으로 나아가야 한다. 물론 가족이 함께 교회에 오지 않거나 혼자 믿는 성도들은 서로 '영적 가족'으로 묶어주면 좋을 것이다. 그렇게 하려면 실천 과제나 항목을 성도들끼리 나누어서 미션처럼 수행해보는 방법도 있다(예를 들어, 정시기도, 릴레이 금식, 감사 목록 작성, 영적 철인삼종경기 등등). 무엇보다 이런 참여에는 점검과 격려가 중요하다. 인터넷 공간(교회 홈페이지나 밴드)에서 일상의 삶과 미션을 올리고 교회에서 시상하거나 주일예배 시간에 동영상으로 나누어보면 더 좋을 것이다.

② **성도 관리와 행정**

이번 코로나 사태를 통과하면서 특히 기억나는 두 명의 성도가 있다. 교회 나온 지 얼마 되지 않는 청년인데 교회에 가면 회사에 3일간 나오지 못하게 하는 내부 방침이 있었음에도 끝까지 교회를 나온 한 청년, 그리고 직장에서 교회에 가지 말라고 해서 어쩔 수 없이 따랐던 교회에 오래 다닌 집사. 이런 식으로 알곡과 가라지를 구분할 수 있다는 말이 아니다. 위기가 오자 더 잘 믿는 성도가 있는가 하면, 잘 믿는다고 생각했지만 힘들어하기도 한다는 뜻이다. 이처럼 상황에 따라 성도의 신앙이 더 견고해지기도 하고 무너지기도 한다. 그러므로 코로나 시대에는 성도 각각을 매우 구체적으로 점검하고 도움을 주어야 한다.

개인적으로 이번 사태를 지나오면서 교적부를 새롭게 썼다. 단순히 주소나 은사 및 직분이 적힌 교적부가 아니라 한 영혼, 한 영혼이 신앙생활을 하는 패턴과 주님과의 관계에서 디딤돌이나 걸림돌이 되는 것을 더 세밀하게 살폈다. 이렇게 해서 성도의 영적 수준에 맞게 교회가 도와주려고 한다.

당연히 비대면 문화에 맞추어 영상 관련 사역자를 준비하는 것도 필요하다. 하지만 그보다 중요한 것은 어떤 내용을 영상으로 내보내는가이다. 코로나 상황에서 예배 횟수가 줄고 심방도 어렵고 심지어 교회 이미지까지 추락하는 상황에서 스스로 말씀을 묵상하고 적용하며 세상을 이길 강한 성도로 훈련할 만한 알찬 내용이 있어야 한다.

또한, 교회는 수동적 관리가 아니라 능동적인 참여가 일어날 수 있도록 다양한 연결고리를 만들어주고, 일방적인 교회 지침만 명령할 것이 아니라 성도들의 다양한 기도 제목과 어려움 및 아픔을 들어주어 실제적인 도움을 주어야 한다. 영적인 동지들을 묶어주면 이런 활동에 아주 큰 도움을 준다. 그래서 교회의 목회나 행정을 사역자 몇 명이 진행하기보다 성도들의 참여로 진행한다면 온라인의 다양한 공간에서 더 적극적인 활동이 일어날 수 있다.

③ 교회의 재정 관리

코로나 사태로 교회의 재정 상황은 분명히 더 어려워질 것이다. 미자립교회에게는 특히 더 그렇다. 원래부터 부족했는데, 자주 모이지 못하니 헌금이 더 나오지 않는 상황으로 고통받을 것이다. 중요한 것은 교회가 이 시기를 통해 절제하고 나누고 앞으로의 시간에 투자할 재정을 투명하게 운영해야 한다는 것이다. 본질과 비본질에 관해 이미 언급했듯 교회 재정도 이제 분별해서 본질적인 것은 사용하고 비본질적인 것은 아껴야 한다.

어려운 교회를 돕고 교단 차원에서 나누어야 한다. 교회 계좌번호만 알려줄 것이 아니라, 구체적으로 교회 재정이 어느 곳에, 어떤 선교지에 필요한지 영상을 제작하고 준비해서 더 효과적인 섬김과 나눔이 일어나도록 하면 좋을 것이다. 특히 코로나 시간에서는 교회가 목적헌금을 통해 정말 어려운 성도나 교회를 돕는 것이 단순히 헌금을 강요하는 것보다 더 의미 있을 것이다. 더 나아가 교회 안에 실직하거나 어려운 분들이 새로운 사역을 펼침으로써 자신의 생계도 책임지는 일거양득의 결과를 얻을 수 있다.

④ 전도와 선교

　복음이 코로나처럼 전파된다면 얼마나 좋을까 하는 생각도 해봤다. 또한, 하나님께서 특별 치유의 은혜를 주셔서 교회를 통해 코로나를 낫게 할 수만 있다면 유례없는 부흥의 시대로 접어들 것이다. 하지만 알다시피 상황은 정반대다.

　그렇다고 두려움에 휩싸여 아무것도 하지 않으면 안 된다. 접촉하지 않으면서도 복음을 전할 기회는 많다. 교회 재정이 있다면 현수막이나 전광판을 이용해 홍보해도 된다. 작은 교회끼리 돈을 모아 준비하는 것도 생각해보자. 중요한 것은 메시지다. 어려운 상황에서 위로와 격려가 되는 메시지, 복음이 이 땅을 회복하는 메시지 그리고 교회 홍보만이 아니라 세상에 도움을 줄 수 있는 메시지를 담아보면 좋겠다.

　이제는 일방적인 선포 전도보다 개인 중심의 관계 전도가 그 힘을 발휘하는 시대가 되었다. 15년 동안 계속 전도하면서 깨달은 것은 교회는 싫어해도 예수님을 바로 믿는 신실한 그리스도인에게는 사람들이 마음을 연다는 것이다. 지금 코로나로 전체적인 교회 이미지가 나빠졌지만, 특정 교회와 개인에 대해서는 그렇지 않다. 오히려 더 열려 있다. 우리가 그러한 한 알의 밀알이 된다면 전도의 길이 막히지는 않을 것이다. 그들에게 바로 교회로 나오라고 하기보다 온라인에서 좀 더 쉽게 접근하는 예배 형식으로 전도자와 삶을 나누다 보면 코로나 상황이 정리된 후에 소중한 영혼을 많이 얻을 수 있을 것이다.

⑤ 교회의 공공성

교회는 이번 코로나 사태로 세상에서 욕을 많이 먹었다. 그리고 많은 성도가 교회를 이탈했다. 하지만 우리는 낙망할 것이 아니라 교회의 공공성에 대해 새롭게 도전받아야 한다. 앞에서 언급했듯 교회가 몸담은 지역사회를 촘촘히 조사하고 코로나 사태 이후의 후유증을 치유하는 일에서 교회의 방향성을 찾아볼 수 있다. 지역사회와 분리된 교회가 아니라 지역사회 속에서 아름다운 의미와 가치를 실어주는 교회가 되려고 기도하고 공부하고 도전해야 한다.

분명히 특정 지역이나 지방자치 단체, 국가가 아우르기 힘든 취약한 부분과 필요가 있을 것이다. 최근 방문했던 어떤 교회는 그 지역에서 '라면 콘서트'라는 것을 하는데, 교회에서 다양한 악기로 연주회를 열면서 입장료는 라면으로 받았다. 그리고 그렇게 받은 라면으로 지역의 어려운 분들을 도왔는데 복음 전도에 상당히 긍정적이고 효과가 있었다고 한다. 그렇게 교회와 지역의 상생을 고민하는 목회 흐름이 곳곳에서 감지되기 시작했다.

위기는 기회다!

"올해 감기에 한 번도 안 걸렸어요." 이 글을 거의 마무리하는 시점에 우리 아이들이 이런 말을 했다. 코로나로 힘들었지만, 개인 위생을 철저히 하니 몇 번이나 달고 살다시피 하던 감기에 한 번도 걸리지 않았다. 코로나로 환경이 좋아지고 세상은 마치 안식년을 누리고 있다는 느낌이다.

코로나는 우리의 신앙에도 많은 반성의 시간과 회복해야 할 부분을 드러내고 있다. 교회는 이제 어려운 상황에서 더 효과적이고 능력 있는 예배와 메시지, 행정과 재정 그리고 사역과 나눔을 해야 한다. 이것이 코로나가 준 선물이다.

우리는 분명히 코로나 바이러스의 위험에 조심하고 절제하며 깨어 있어야 한다. 그러나 영적인 바이러스가 더 위험하다는 것도 잊지 말아야 한다. 그러므로 우리는 회개해야 한다. 감정적 후회가 아니라 삶의 방식 전환과 바로잡음이 뒤따르는 회개 말이다. 우리에게 주어진 자연과 기회를 선용하지 못한 것에 대해 뉘우쳐야 한다.

하지만 거기서 멈추면 안 된다. 우리는 이 코로나 시대에도 하나님께서 주인이심을 잊지 말아야 한다. 하나님께서는 실수하지 않으신다. 역사를 주관하신 하나님께서는 이 코로나 사태를 통해서도 당신의 뜻을 이루실 것이다. 위기는 언제나 기회다. 그렇다면 큰 위기는 큰 기회가 된다. 조급하게 반응하고, 헛되이 이 시간을 보내지 말고 점검하고 깨어 준비해야 한다.

　우리가 주님으로 고백하는 예수님은 십자가에서 죽음의 세력을 이기신 부활의 주인이시다. 코로나를 초월해 이를 통해 일하시는 분이시다. 우리가 그분을 믿고 나가되, 세상에 여전히 필요한 것은 코로나 백신보다 복음임을 잊지 말아야 한다. 우리보다 더 힘든 시대에도 믿음을 지키며 하나님의 동역자로 살다간 선배들을 기억하자. 그들에게 베푸신 하나님의 기적과 승리를 기대하자. 히브리서 10장 39절의 말씀처럼 "우리는 뒤로 물러가 멸망할 자가 아니요, 오직 영혼을 구원함에 이르는 믿음을 가진 자"이기 때문이다.

말씀이 길이 되려면
진짜 그리스도인에게 열리는 역전의 길

초판 1쇄 인쇄 2021년 1월 29일
초판 1쇄 발행 2021년 2월 5일

지은이 강산
펴낸이 최영민
펴낸곳 헤르몬
등록번호 제406-2015-31호 (2015년 3월 27일)
주소 경기도 파주시 신촌2로 24
전화 031) 8071-0088   **팩스** 031) 942-8688
이메일 pnpbook@naver.com

ⓒ 강산, 2021.

이 책은 저작권법에 의해 보호를 받는 저작물이므로, 저자와 출판사의 허락없이
내용의 일부를 인용하거나 발췌하는 것을 금합니다.

ISBN 979-11-91188-21-9 (03230)

- 헤르몬은 피앤피북의 임프린트입니다.
- 책값은 뒤표지에 있습니다. 잘못된 책은 구입하신 곳에서 교환해드립니다.

* 《나는 진짜인가: 야고보서에서 찾은 역전의 길》(2013)을 전면 개정한 책입니다.